LAUPHEIMER GESPRÄCHE 2015

Haus der Geschichte Baden-Württemberg
Urbansplatz 2 · 70182 Stuttgart
Tel.: 0711 / 212-39 50 · Fax: 0711 / 212-39 59
E-Mail: hdg@hdgbw.de · www.hdgbw.de

Besucherdienst Tel.: 0711 / 212-39 89
E-Mail: besucherdienst@hdgbw.de

**Der vorliegende Band wurde gedruckt
mit freundlicher Unterstützung der**

Stiftung BC – gemeinsam
für eine bessere Zukunft
Kreissparkasse Biberach

Bibliografische Information der Deutschen Nationalbibliothek
Die Deutsche Nationalbibliothek verzeichnet diese Publikation
in der Deutschen Nationalbibliografie;
detaillierte bibliografische Daten sind im Internet
über http://dnb.d-nb.de abrufbar.

Die dritte Generation und die Geschichte
Herausgeber: Haus der Geschichte Baden-Württemberg
1. Auflage, Heidelberg 2016 (Laupheimer Gespräche)

Redaktion: Dr. Irene Pill, Wolfegg
www.irenepill.com
Reihengestaltung und Layout: Anja Harms, Oberursel
www.anja-harms.de

ISBN 978-3-8253-6630-8

Den Verlag erreichen Sie im Internet unter:
www.winter-verlag.de

LAUPHEIMER GESPRÄCHE

HERAUSGEGEBEN VOM HAUS DER GESCHICHTE BADEN-WÜRTTEMBERG

DIE DRITTE GENERATION
UND DIE GESCHICHTE

INHALT

THOMAS SCHNABEL, STUTTGART

VORWORT

Das Verhältnis zwischen Juden und Deutschen, zwischen jüdischen und nicht-jüdischen Deutschen wird noch auf lange Zeit durch die Verbrechen des Nationalsozialismus geprägt bleiben. Ebenso wird sich das Verhältnis zwischen Israel und der Bundesrepublik Deutschland dauerhaft von den Beziehungen mit anderen Staaten unterscheiden – ohne dass dies zur kritiklosen Unterstützung der jeweiligen Regierungspolitik führen darf.

Allerdings ist es, über 70 Jahre nach der Befreiung von Auschwitz durch die Rote Armee, sehr wichtig, daran zu erinnern, dass es eine Geschichte von Juden und Deutschen vor 1933 gab. Noch erfreulicher und außergewöhnlicher ist es, dass sich nach 1945 wieder eine Geschichte von Juden und Deutschen und zunehmend auch von jüdischen und nichtjüdischen Deutschen entwickelte. Besonders durch den Zustrom jüdischer Menschen aus der ehemaligen Sowjetunion in den Neunzigerjahren des letzten Jahrhunderts wuchsen die jüdischen Gemeinden in Deutschland, auch in Baden und Württemberg, wieder erheblich. Es konnte ein neues, aktives Gemeindeleben entstehen, was eine außergewöhnliche Integrationsleistung der vorhandenen Gemeindemitglieder darstellt. So ist die jüdische Gemeinde in Stuttgart, wie es der frühere Landesrabbiner von Württemberg Joel Berger im März 2016 anlässlich der Verleihung des Bundesverdienstkreuzes am Bande ausführte, „heute ganz selbstverständlich Teil der Gesellschaft dieser Stadt". Die jüdischen Deutschen stehen nicht mehr am Rande, ständig auf gepackten Koffern sitzend wie nach dem Zweiten Weltkrieg, sondern mitten in dieser neuen, sich stets wandelnden deutschen Gesellschaft.

Die Generation der Opfer und Täter ist 71 Jahre nach Kriegsende weitgehend verschwunden. Die letzten, viel zu spät angeklagten Täter sind inzwischen weit über 90 Jahre alt und meist nicht mehr verhandlungsfähig. Gleichzeitig gibt es nur noch wenige Zeitzeuginnen und Zeitzeugen, die uns aus den Dreißiger- und Vierzigerjahren berichten können, aus einer uns heute so unvorstellbaren und fremden Zeit. Guy Stern, der uns seit vielen Jahren bei den Laupheimer Gesprächen begleitet und immer wieder in diese Zeit zurückversetzt, gehört zu diesen, unschätzbar wichtigen Botschaftern aus einer fernen Epoche. Als überragender Wissenschaftler verbindet er diese persönliche Zeitzeugenschaft mit einer profunden literarischen und historischen Kenntnis eines untergegangenen bildungsbürgerlichen Deutschlands und vieler immer noch zu wenig wahrgenommener deutscher Exilschriftsteller.

Die Laupheimer Gespräche beschäftigten sich 2015 mit der dritten Generation und ihrem ganz eigenen Umgang mit der Geschichte, die nach wie vor das Miteinander oder Nebeneinander prägt. Dabei wird klar, wie sehr das Verhältnis zwischen Juden und Deutschen, zwischen jüdischen und nichtjüdischen Deutschen heute auch maßgeblich durch das Verhältnis zwischen Israel und der Bundesrepublik geprägt ist. Es gibt eine Unsicherheit, eine Skepsis im Umgang miteinander – auch zwischen den Nachgeborenen. Dazu trägt sicherlich bei, dass viele jüdische Lebensformen und Feste, die vor 1933 bzw. 1914 zum selbstverständlichen, deutschen Wissen gehört haben – zumindest in Orten mit jüdischer Bevölkerung –, heute fremd und unbekannt sind.

Derzeit wächst bereits die vierte Generation heran, die Urenkelinnen und Urenkel der Täter und Opfer. Sie werden sich, wie ihre Elterngeneration, einen eigenen Weg zum Umgang mit ihrer Vergangenheit suchen müssen. Vielleicht helfen ihnen dabei die Diskussionen, die Reflexionen und die Auseinandersetzungen der vorausgegangenen Generationen. Einen kleinen Beitrag dazu will der vorliegende Band leisten. Solange wir über unsere gemeinsame Vergangenheit offen miteinander reden, ermöglichen wir eine gemeinsame Zukunft – wie eng sie auch immer aussehen wird.

Diesen 16. Band unserer besonderen Reihe haben wir, wie schon die früheren Bücher und Tagungen, der beständigen und großzügigen Unterstützung der „Stiftung BC – gemeinsam für eine bessere Zukunft" der Kreissparkasse Biberach zu verdanken. Wir sind dafür sehr dankbar.

Gleichzeitig ist dies für uns Ansporn, weiterhin so außergewöhnliche Veranstaltungen und Publikationen zu entwickeln und zu veröffentlichen.

Dr. Irene Pill hat wie immer in den vergangenen Jahren mit ihrem Einsatz, ihrer Begeisterungsfähigkeit und ihren profunden Kenntnissen die Tagung vorbereitet sowie mit Hartnäckigkeit, charmantem Mahnen und viel Arbeit das pünktliche Erscheinen auch dieses Tagungsbandes ermöglicht. Anja Harms gab diesem Band wieder sein unverkennbar schönes Gesicht, das sich einzeln, aber inzwischen auch als beeindruckende Reihe aus dem Bücherallerlei hervorhebt. Thomas Kärcher hat sich erneut in vorbildlicher Weise der Erstellung der Register angenommen.

Nun soll man sich nicht wiederholen. Doch in diesem Fall ist es eine angenehme Pflicht. Ich danke diesem eingespielten und zuverlässigen Team, auch für die erfreuliche Form der Zusammenarbeit, sehr herzlich. Dieser Dank gilt ebenso allen Mitarbeiterinnen und Mitarbeitern von Kulturhaus und Museum in Laupheim, die zusammen mit den beteiligten Kolleginnen und Kollegen im Haus der Geschichte Baden-Württemberg alljährlich ganz wesentlich zum großen Erfolg und zu der besonderen Atmosphäre der Laupheimer Gespräche beitragen.

Hoffentlich trägt auch dieser Band dazu bei, dass wir – jüdische und nichtjüdische Deutsche, Christen und Juden, Israelis und Deutsche – im konstruktiven und wohlwollenden Gespräch miteinander bleiben. Dann, aber nur dann, haben wir die Chance auf eine gemeinsame, positive Zukunft.

Prof. Dr. Thomas Schnabel
Leiter des Hauses der Geschichte Baden-Württemberg

PAULA LUTUM-LENGER, STUTTGART

EINFÜHRUNG

Den Kriegsenkeln widmen sich die Laupheimer Gespräche 2015. Die sogenannte dritte Generation hat zwar das nationalsozialistische Unrechtsregime, Verfolgung, Bombennächte, Flucht und Vertreibung nicht selbst erlebt. Aber wie sehr die Kriegsenkel auch heute, 70 Jahre nach der Befreiung, von den Erlebnissen ihrer Eltern und Großeltern und von der Frage nach deren Schuld und Verstrickung während der Diktatur betroffen sind, rückt immer stärker ins Bewusstsein der Öffentlichkeit.

Auch wenn es eine Minderheit ist, die sich einer solchen Introspektion unterzieht, die darüber öffentlich spricht, so ist dieses Thema schon seit einigen Jahren auch von der Forschung aufgegriffen worden. Inzwischen erscheinen ständig neue Bücher zu diesem Komplex und halten sich monatelang auf den Bestsellerlisten. In vielen Städten und Gemeinden organisieren sich sogenannte Kriegsenkelgruppen. Auch in Laupheim ist dieses Thema sehr präsent. Denn das Laupheimer Museum zur Geschichte von Christen und Juden, der jüdische Friedhof, das Haus am jüdischen Friedhof werden jedes Jahr besucht von Nachkommen der jüdischen Gemeinde aus aller Welt. Das Museum selbst konnte erst durch die großzügige Unterstützung der Kriegsgeneration und ihrer Nachfahren aufgebaut werden. Eine große Zahl von einzigartigen Exponaten bezeugt dies. Zugleich hat sich die Generation der Kriegskinder der Verantwortung gestellt und Orte der Erinnerung geschaffen.

Auf den „langen Schatten unserer Vergangenheit", der auf den Kriegsenkeln lastet, haben wir bislang aus der Perspektive des Holocaust geschaut. Der Begriff „Trauma" wurde nahezu ausschließlich im Zusammenhang mit den Opfern des Nationalsozialismus genannt, jetzt werden dem Themenkomplex „deutsche Vergangenheit" die Schrecken von Bombenkrieg und Vertreibung hinzugefügt und die psychischen Folgen von Verdrängung und Schuldabwehr.

Für die Israelis bedeutete die Erinnerung an den Holocaust die schmerzvolle Erinnerung an ermordete Angehörige und persönlich erlittenes Leid. Deutschland hat sich zuerst nur zögernd einer öffentlichen Auseinandersetzung um Schuld und Verstrickung gestellt. Die Generation der Kinder und der Enkelkinder hat inzwischen die Verantwortung dafür übernommen, die Erinnerung an die Shoah lebendig zu halten.

Das Deutschlandbild in Israel hat sich in den vergangenen 70 Jahren stark verändert. Während man direkt nach dem Krieg keinerlei Kontakt zu Deutschen haben wollte, und sich auch nicht vorstellen konnte, dass jemals ein Kontakt entstehen würde, gibt es heute regen Austausch.

Heute ist Berlin – Hitlers Reichshauptstadt und Ausgangspunkt des Holocaust – für jüdische Touristen eines der beliebtesten Urlaubsziele. In Berlin leben über zwanzigtausend jüngere Israelis, die sich für dieselbe Popmusik, genau dieselben amerikanischen Fernsehserien und die gleichen internationalen Modelabels interessieren wie andere europäische Jugendliche auch. Wenn eine Berlinreise bei jungen Israelis ein „must" ist, dann nicht, weil die Vergangenheit dafür eine ausschlaggebende Rolle spielt, sondern weil die kreative und liberale Atmosphäre der Stadt sie anzieht. Sind diese Begegnungen der jungen Menschen die vielbeschworene Rückkehr zur Normalität? Wird damit ein Schlussstrich gezogen unter die Vergangenheit? Oder findet die Erinnerungskultur auf einer anderen Ebene statt?

Für die dritte Generation ist die Shoah in eine weite und zugleich abstrakte Ferne gerückt. Die Allermeisten kennen sie nur noch aus Bildern, Dokumenten, Filmen oder gefilmten Interviews, nicht mehr vermittelt durch Zeitzeugen selber.

Das heißt nun aber nicht, dass für die Kinder der Überlebenden oder die zweite Generation, die direkten Zugang zu Zeitzeugen gehabt hätten, dieser unproblematisch gewesen wäre. Die Schriftstellerin Gila Lustiger beschreibt in ihrem autobiographischen Roman „So sind wir" das hartnäckige Schweigen ihres Vaters Arno Lustiger über seine Jahre in den Konzentrationslagern. „Mein Vater hat uns immer vor sich beschützen wollen, nicht vor den Deutschen, nur vor sich selbst. Natürlich nicht vor dem Mann, der er nach all den Jahren harter und disziplinierter Verdrängungsarbeit geworden war, sondern vor seinem ärgsten Feind, einem Feind, den er 50 Jahre bekämpft hatte und den er nun, als Geschäftsmann und gefragter Publizist, bezwungen zu haben glaubte: vor dem entkräfteten Jungen im KZ. Mein Vater hat uns immer vor diesem Jungen beschützen wollen, hat nie sein Kindergesicht sehen lassen, das nicht unschuldig, nicht zärtlich, nicht pausbäckig, nicht rein war."[1]

Angesichts dieser schwierigen Situation der Überlebenden in der Bundesrepublik ist es durchaus verständlich und Grund genug, die drei Generationen hier miteinander ins Gespräch zu bringen.

Der unter anderem in Laupheim aufgewachsene und heute an der Harvard Universität lehrende Publizist Yascha Mounk, der 1982 in München geboren wurde, erzählt von seinen Erfahrungen als jüdischer Deutscher. „Hör auf zu lügen! Jeder weiß, dass es die Juden nicht mehr gibt." Mit diesem Kommentar eines Laupheimer Klassenkameraden begann für ihn seine Auseinandersetzung mit dem Jüdischsein. In seinem Buch „Echt, du bist Jude" beschreibt Mounk das Gefühl, „Fremd im eigenen Land" zu sein, das ihn immer wieder vor die Entscheidung gestellt hat, sich entweder vollkommen anzupassen in Deutschland oder ewig ein Fremder zu bleiben.

Mit der dritten Generation und der „Heimkehr der Unerwünschten" beschäftigt sich der in Paris lebende Autor Olivier Guez. Auf einfühlsame und unaufgeregte Weise erzählt er die Geschichte der Juden in Deutschland nach 1945. „Nicht selten gab es antisemitische Akte: Jüdische Einrichtungen und Kultstätten wurden mit Hakenkreuzen und Naziparolen beschmiert, Friedhöfe geschändet; oft kam es vor, dass DPs, diese ‚Ostjuden', gegen die Hitlers Propaganda so gehetzt hatte, angegriffen wurden, wenn sie sich in die Städte wagten."[2] Sie waren unerwünscht, weil sie die Vergangenheit mit sich herumtrugen, und weil sie das Verdrängen störten. Von Traumatisierten geht ein Erschrecken aus.

Die 16. Laupheimer Gespräche beschäftigen sich mit einem sehr komplexen und sehr vielschichtigen Thema. Und ich freue mich, dass es uns gelungen ist, Vertreter und Vertreterinnen der ersten, zweiten und dritten Generation aus Deutschland, den USA und Frankreich zu gewinnen. Sie stellen uns unterschiedliche individuelle und wissenschaftliche Perspektiven vor – die Germanistikprofessorin Cornelia Blasberg nähert sich dem Thema aus literaturwissenschaftlicher Perspektive über zwei Romane „Himmelskörper" von Tanja Dückers und „Die Verlorenen" von Daniel Mendelsohn. Zwei junge Menschen, die der dritten Generation angehören, porträtiert die Schriftstellerin Susanna Piontek: einen Christen aus Leipzig, der am ältesten Holocaust Museum in den USA tätig war, und eine US-amerikanische Jüdin, die Ausbilderin beim israelischen Militär wurde.

Die Herausforderungen, die sich aus der Geschichte ergeben, haben sich in der dritten Generation verändert. Die Jüngeren tragen das Erbe der Überlebenden und der Täter weiter.

Prof. Dr. Paula Lutum-Lenger
Stellvertretende Leiterin des Hauses
der Geschichte Baden-Württemberg

Literatur

Guez, Olivier: Heimkehr der Unerwünschten. Eine Geschichte der Juden in Deutschland nach 1945, München 2011.

Kron, Norbert, Shalev, Amichai (Hg.): Wir vergessen nicht, wir gehen tanzen. Israelische und deutsche Autoren schreiben über das andere Land, Bonn 2015.

Lustiger, Gila: So sind wir, Berlin 2005.

Mounk, Yascha: Echt, du bist Jude? – Fremd im eigenen Land, München 2015.

Süss, Joachim, Schneider, Michael (Hg.): Nebelkinder. Kriegsenkel treten aus dem Traumaschatten der Geschichte, Berlin 2015.

RUDOLF DRESSLER, KÖNIGSWINTER

DAS DEUTSCHLANDBILD IN ISRAEL

Das Deutschlandbild in Israel hat sich in den vergangenen 70 Jahren stark geändert. Während man direkt nach dem Krieg keinerlei Kontakt zu Deutschen haben wollte, die Deutschen weiterhin als Nazis sah und sich auch nicht vorstellen konnte, dass jemals ein Kontakt entstehen würde, gibt es heute einen regen Austausch.

Ben Gurion predigte schon in den Fünfzigerjahren, dass die Bundesrepublik ein anderes Deutschland sei und im Zusammenhang mit dem Wiedergutmachungsabkommen begannen sich erste zögerliche Beziehungen zu Deutschen zu entwickeln. Dennoch warf man den Deutschen weiterhin vor, ihre Vergangenheit zu leugnen und zu verdrängen. Die Achtundsechziger überraschten die Israelis damit, dass sie ihren Eltern eben dies geradeso vorwarfen, aber auch damit, dass sie zunehmend israelkritisch wurden.

Der Konflikt mit den Palästinensern belastet das Verhältnis seitdem mal mehr und mal weniger, doch die zwischenmenschlichen Beziehungen zwischen Deutschland und Israel bleiben weiterhin stark.

Vor zehn Jahren, anlässlich des 40. Jahrestages der Aufnahme diplomatischer Beziehungen zwischen Israel und Deutschland, wurde ich gebeten, für die Beilage „Aus Politik und Zeitgeschichte" der Wochenzeitschrift „Das Parlament" ein Essay zu diesem Ereignis zu schreiben.

Zu diesem Zeitpunkt war ich amtierender Botschafter in Tel Aviv. Die sogenannte zweite Intifada, begonnen am 28. September 2000, hielt die Region bereits im fünften Jahr in Atem.

Auch im Jahr 2005 diskutierte eine breite Öffentlichkeit die Voraussetzungen für einen Wiedereinstieg in einen konstruktiven Nahostprozess. Auch damals gebrauchte ich das Wort „Sicherheit" als Schlüsselbegriff. Die Staatengemeinschaft müsse für Israel Sicherheit erarbeiten. Auf der Grundlage von Sicherheit ist es leichter, das zu präzisieren, was der ehemalige Premierminister Ariel Sharon mit dem Begriff „schmerzhafte Kompromisse" für die israelische Position umschrieben hatte.

Alle bisherigen Bundesregierungen, auch die Fraktionen des Bundestages, haben nie Zweifel daran gelassen, dass sie Israel dabei helfen wollen. Und ich habe vor zehn Jahren hinzugefügt:

> „Unsere Hilfe steht unter der Maxime ... Die gesicherte Existenz Israels liegt im nationalen Interesse Deutschlands, ist somit Teil unserer Staatsräson."

Drei Jahre später, am 18. März 2008, hielt Bundeskanzlerin Angela Merkel vor dem israelischen Parlament eine Rede, deren Schlüsselsatz, mehr noch aber dessen Rezeption, den Eindruck erweckte, die Kanzlerin habe eine völlig neue Leitlinie der deutschen Außenpolitik formuliert, aus der sich nunmehr andere Schritte in den deutsch-israelischen Beziehungen ableiten würden:

> „Diese historische Verantwortung Deutschlands ist Teil der Staatsräson meines Landes. Das heißt, die Sicherheit Israels ist für mich als deutsche Bundeskanzlerin niemals verhandelbar."

Der Leiter der Forschungsgruppe Sicherheitspolitik der Stiftung Wissenschaft und Politik, Markus Kaim, kommentierte zutreffend: Mit dieser Ansprache verhält es sich ... wie mit dem Scheinriesen im Kinderbuch: Je weiter die Rede zurückliegt, umso gewichtiger und paradigmatischer erscheint sie dem politischen Beobachter. Je näher man ihr tritt, umso relativer scheint ihr Gewicht.

Frau Merkel hat selbst darauf hingewiesen, dass sie nicht etwas Neues verkündet habe oder sich von ihren Vorgängern abgrenze. Sie hat darauf verwiesen, in welcher Kontinuität sie stehe:

> „Jede Bundesregierung und jeder Bundeskanzler vor mir waren der besonderen historischen Verantwortung Deutschlands für die Sicherheit Israels verpflichtet."

Versuchen wir uns vorzustellen, das nachfolgende Zitat von Bundeskanzler Gerhard Schröder aus seiner Regierungserklärung vom 25. April 2002 vor dem Deutschen Bundestag hätte er in einer Rede vor dem israelischen Parlament in der Knesset gesprochen:

„Ich will ganz unmissverständlich sagen: Israel bekommt das, was es für die Aufrechterhaltung seiner Sicherheit braucht, und es bekommt es dann, wenn es gebraucht wird."

Der Satz von Bundeskanzler Schröder wurde weder hinterfragt, noch interpretiert. Auch Kommentierungen sucht man im deutschen oder europäischen Blätterwald vergeblich. Das Gegenteil erleben wir seit der Knesset-Rede von Bundeskanzlerin Merkel – bis zur Fragestellung, ab welchem Zeitpunkt die Bundeswehr jetzt israelisches Staatsgebiet verteidigen müsse.

Die im gesellschaftlichen Diskurs zu erklärende Konkretisierung dessen, was dieser Teil deutscher Staatsräson bedeutet, wurde bisher nicht geleistet. Die Debatte reduziert sich auf kleinere Zirkel, so bedeutend sie auch sein mögen. Und politische Repräsentanten weichen eher aus, als sich den damit verbundenen Fragen zu stellen. Als ob es ihnen unangenehm wäre, sich der Verantwortung zu stellen.

* Erstens haben wir damit die Verpflichtung übernommen, einen deutschen Beitrag zur militärischen Unterstützung Israels, das kann auch Überlegenheit sein, zu leisten.
* Zweitens bedeutet es, dass wir uns für die Gestaltung des Umfeldes in der Region engagieren, um die Sicherheit Israels positiv zu beeinflussen: unsere Initiativen für Lösungen im Nahostkonflikt oder unsere Beteiligung an den internationalen Bemühungen, dass der Iran kein Nuklearwaffenprogramm entwickelt.
* Drittens betrifft dies unsere Politik in internationalen Organisationen, die auch Israels Sicherheit zum Ziel hat.

70 Jahre nach dem Ende von Nazi-Deutschland und 50 Jahre nach dem Beginn der diplomatischen Beziehungen zwischen Israel und der zweiten

deutschen Republik operiert die deutsche Botschaft in Tel Aviv in einem einzigartigen Umfeld.

Deutschland gilt für viele israelische Führungskräfte politisch und wirtschaftlich, wissenschaftlich und technologisch als zweitwichtigster Partner nach den USA und darüber hinaus als einer der wichtigsten Partner in der kulturellen und zivilgesellschaftlichen Zusammenarbeit.

Das Netz von Austauschbeziehungen hat hohes politisches Profil. Es ist nur vergleichbar mit unserer Zusammenarbeit mit Frankreich, Polen oder den USA. Wir zählen über 100 Städte- und Kreispartnerschaften. Auch auf der Ebene der Zivilgesellschaft sind die Beziehungen ungewöhnlich dicht.

Selbst im militärischen Bereich haben wir außerhalb der NATO zu keinem Land vergleichbar enge Beziehungen. Diese Kooperation wurde in Deutschland erstmalig wahrgenommen, als Bundeskanzler Helmut Kohl im Jahr 1991 entschieden hatte, dass Deutschland sechs U-Boote an Israel liefern würde. Der zweite Golfkrieg, damit verbunden der Raketenbeschuss durch Saddam Hussein und das mit deutscher Hilfe aufgebaute Chemiewaffenarsenal waren der Hintergrund für diese Entscheidung.

Durch die Konflikte im Nahen Osten standen die militär- und rüstungspolitischen Beziehungen zwischen Deutschland und Israel wiederholt in einem Spannungsfeld. Das spiegelte sich auch im regelmäßigen „Strategischen Dialog" beider Länder wider. Dieser ruhte von 1999 an für drei Jahre wegen der angespannten Nahostlage und wurde Anfang 2003 auf der Ebene der Staatssekretäre wieder aufgenommen.

Die seit der „Merkel-Rede 2008" immer wieder vorgenommene Verknüpfung von Israels Sicherheit mit der deutschen Staatsräson ist – um noch einmal Markus Kaim zu zitieren – nur eine „rhetorische Verknüpfung". Wir finden keine politische Entsprechung in Form neuer Leitlinien oder präziser veränderter Schritte im gegenseitigen Miteinander. Auch das außenpolitische Handeln der Bundesrepublik zeigt sich nicht verändert.

Die Beobachter der deutsch-israelischen Beziehungen registrieren in den sieben Jahren nach der Rede von Frau Merkel nicht, dass sich das Beziehungsgeflecht deshalb verändert habe.

Die Formulierung, dass die Sicherheit des Staates Israel ein Teil deutscher Staatsräson ist, bekräftigt die Entscheidungen vergangener Jahre auch als Grundlage für die Entscheidungen in der Zukunft. Daran ändert auch die deutsche Zustimmung und Unterstützung der amerikanischen Position zum Rahmenabkommen über das iranische Atomprogramm nichts.

Obwohl wir die Position der israelischen Regierung zum Rahmenabkommen nicht teilen, müssen wir lernen zu verstehen, dass in Israel die Bedrohung durch den Iran als „existenzielle Bedrohung" empfunden wird und nicht als abstraktes Szenario. Die Dimension wird einem Deutschen vielleicht klarer, wenn er sich vorzustellen vermag, dass es um eine Entfernung von Kiel bis München geht.

Nicht nur das israelische Parlament als Standort für die Rede von Frau Merkel, auch der Wandel von Standpunkten in der Formulierung deutscher Israelpolitik mag dazu beigetragen haben, dass die Bundeskanzlerin Grundentscheidungen der deutschen Politik bekräftigen wollte.

Wenn darüber hinaus die wachsende historische Distanz bei jüngeren Menschen dazu führt, dass eine besondere Verantwortung für Israel abgelehnt wird, braucht es politische Führung. Wer sonst als die Regierungschefin ist berufen, im Sinne von einem Teil deutscher Staatsräson, intellektuell den gesellschaftlichen Diskurs zu beeinflussen.

•

Am 8. Mai 1945, um 15 Uhr, richtete sich der damalige britische Premierminister Winston Churchill per Radioansprache an die britische Bevölkerung: „The German war is at an end." Churchill verkündete das Ende des Weltkrieges in Europa. Vom Deutschen Reich entfesselt, hatte der Krieg in sechs Jahren weltweit rund 60 Millionen Menschenleben gefordert. Das europäische Judentum hatten die Deutschen nahezu ausgelöscht.

Vielen Deutschen ist es lange Zeit schwer gefallen, das Ende des Weltkrieges 1945 als eine Befreiung zu erkennen. Auch die Aufarbeitung der von Deutschen begangenen Verbrechen gestaltete sich zäh und mühsam.

Während meiner fünf Botschafter-Jahre in Israel hat mich das Leben in der israelischen Gesellschaft immer wieder an jene zentrale deutsche Frage erinnert, mit der meine Erziehung zu politischer Aktivität begonnen hat und auf die ich bis heute keine Antwort weiß:

- Wie konnte die verbrecherische Zwangsvorstellung Hitlers, sein Antisemitismus, der zum Völkermord antrieb, sich in Deutschland durchsetzen?
- Warum hat die Mehrheit sich daran beteiligt, hat zugeschaut, hat weggesehen?

Die Auseinandersetzung mit dem Nationalsozialismus, mit der Einmaligkeit der Verbrechen, hat mich gerade in Israel die immer wieder von einzelnen provokativ initiierte sogenannte Schlussstrich-Debatte als gegen deutsches Interesse gerichtetes Engagement empfinden lassen. Es ist ein gutes Gefühl, dass solche Versuche immer gescheitert sind, egal ob sie aus Dummheit oder Berechnung gestartet wurden.

Vor einigen Jahren erinnerte uns das Wochenblatt „Die Zeit" daran, dass wir im Schatten Hitlers leben. Nicht weil eine Wiederkehr des Nationalsozialismus droht, sondern weil sich der Nationalsozialismus entwirklicht, an Realität verloren hat. Es gibt eine neue Leichtfertigkeit im Umgang mit dem Nationalsozialismus. Nicht, weil der Gegenstand seine Schrecken verloren hat, sondern weil sich der Schrecken vom Gegenstand gelöst hat. Es geht darum, den Gegenstand wachzuhalten.

Der international renommierte israelische Schriftsteller Amos Oz, in Deutschland mit höchsten Ehren ausgezeichnet, hat mit vielen klugen Sätzen den Gegenstand beschrieben, ihn wachgehalten. Eine Mahnung von Amos Oz rufe ich in Erinnerung:

„Die Vergangenheit ist immer gegenwärtig und wird immer gegenwärtig bleiben; doch man muss sich daran erinnern, dass die Vergangenheit uns gehört und nicht wir ihr."

„Den Gegenstand" wachhalten! Die 16. Laupheimer Gespräche widmen sich dem Gegenstand und titeln ihre diesjährige Konferenz „Die dritte Generation – Die Kriegsenkel und die Geschichte".

•

Der 50. Jahrestag unserer offiziellen Beziehungen ist geeignet, einen Blick darauf zu werfen, mit welchen Gefühlen die israelische Gesellschaft ihrem Staat begegnet. Es sind Gefühle, die wir Deutsche nicht kennen, die wir nicht einmal ahnen. Unsere Sozialisation hat uns nicht zu einer Identifikation mit unserem Staat veranlasst, die der israelischen auch nur nahe kommt.

Wir haben uns im Verlauf unseres Lebens nie Gedanken machen müssen über die Existenzberechtigung unseres Landes, obwohl Deutschland im vorigen Jahrhundert die Welt zweimal an den Abgrund brachte.

Unsere Sozialisation unterscheidet sich grundlegend von derjenigen eines Israelis.

- Keine tägliche Bedrohung!
- Keine Aberkennung der Existenzberechtigung!
- Kein Kampf und keine kriegerische Auseinandersetzung um den eigenen Staat!

Wenn man im Rahmen dieses 50. Jahrestages das bis heute gewachsene Beziehungsgeflecht beider Länder bilanziert, darf man von einer Art „Beziehungswunder" sprechen.

- Deutschland gilt heute für viele israelische Führungskräfte politisch und wirtschaftlich, wissenschaftlich und technologisch als zweitwichtigster Partner nach den Vereinigten Staaten.
- Deutschland gilt darüber hinaus als einer der wichtigsten Partner in der kulturellen und zwischengesellschaftlichen Zusammenarbeit.
- Die israelische Führungsschicht schätzt uns als wichtigen Partner innerhalb Europas und den Vereinten Nationen.
- Wir sind der zweitwichtigste Außenhandelspartner.

Wer die Gelegenheit hat, sich über den Grad der wissenschaftlich-technologischen Zusammenarbeit informieren zu lassen, wird das Ausmaß und die Intensität der Zusammenarbeit mit dem Prädikat „außergewöhnlich eng" bedenken. Solch hohes politisches Profil im Netzwerk unserer Austauschbeziehungen, wie es mit Israel besteht, finden wir nur in unserer Zusammenarbeit mit Frankreich, mit Polen oder den USA.

●

Welchen Beitrag die mittlerweile über 100 Städte- und Kreispartnerschaften, sowohl qualitativ wie quantitativ, innerhalb Israels und Deutschlands geleistet haben, werden wir wohl niemals in einem geschlossenen Zahlenwerk erfahren. Wer, wie ich, Gelegenheit hatte, fünf Jahre Ausschnitte dieser Zusammenarbeit kennen zu lernen, Ergebnisse einzelner Partnerschaften im Detail zu erleben, bekommt eine Ahnung, was eine solche kommunalpolitische Zusammenarbeit bewirken kann.

Mit keinem anderen Staat unterhalten Städte und Kreise in Deutschland eine solch hohe Zahl an Partnerschaften. In welcher Anzahl solche Kooperationen zwischen Schulen beider Länder bisher geschlossen wurden, ist nicht bekannt. Über solche Partnerschaften liegen keine Zahlen vor.

Was hunderte, was tausende Israelis und Deutsche nach den Verbrechen während der Nazidiktatur an neuem Miteinander begründet haben, an neuem Vertrauen versucht haben wieder aufzubauen, ist nach 67 Jahren Staat Israel und 50 Jahren diplomatischer Beziehungen gewaltig. Das Erreichte ist in seiner Summe und im Einzelergebnis beeindruckend.

Aber wir Deutschen müssen wissen, wo es geboten erscheint, müssen wir es lernen: Das Eis ist nach wie vor dünn. 67 Jahre oder 50 Jahre sind in einem einzelnen Leben sehr viel, manchmal mehr als ein ganzes Leben. In der Geschichte sind diese Jahre ein Wimpernschlag, fast nichts. Diese Wahrheit ist kein israelisches Problem, sondern für viele ein deutsches.

Die Jugend unserer beiden Länder kann nicht über einen biographischen Zugang zu den Geschehnissen im Nationalsozialismus verfügen. Die Jugend unserer beiden Länder verfügt gleichwohl über einen intellektuellen Zugang.

Verstandesmäßig ist zweifelsfrei: Die Nazis waren Barbaren. Sie waren politische Kriminelle. Die Nazis waren Verbrecher. Mit dieser Feststellung erhält das moralische Versagen der damaligen Mehrheit des deutschen Volkes Prädikate, die jeden Versuch der Relativierung der Verbrechen im Keim ersticken müssen. Der Massenmord an einem Teil der eigenen Bevölkerung hat die elementarsten moralischen und ethischen Grundsätze menschlicher Gesellschaft überhaupt eliminiert.

„Antisemitismus 1930", sagte der ehemalige Bundesminister Erhard Eppler, „mag in die Kategorie der Torheit oder des politischen Irrtums verwiesen werden. Antisemitismus nach Auschwitz ist Ausdruck verkommenen und verluderten Menschentums."

Das ist die Vergangenheit, die uns gehört. Das ist der Gegenstand, den wir wachhalten müssen.

Der verstorbene Bundespräsident Johannes Rau hat die Maxime unserer Arbeit nach dem Ende des Weltkrieges, nach dem Holocaust und als Begleitung der Jahre unserer diplomatischen Beziehungen mit folgender Feststellung beschrieben:

> „Wir arbeiten für ein Deutschland, in dem niemand Angst haben muss,
>
> ganz gleich, wie er aussieht;
>
> ganz gleich, wo er herkommt;
>
> ganz gleich, was er glaubt;
>
> ganz gleich, wie stark oder wie schwach er ist."

OLIVIER GUEZ, PARIS

DIE DRITTE GENERATION IN DEUTSCHLAND UND DIE HEIMKEHR DER UNERWÜNSCHTEN

Die Beantwortung folgender Fragen steht im Mittelpunkt meiner Ausführungen:

Was ist mit dem Begriff „Die dritte Generation" gemeint und
um wen handelt es sich dabei?
Welches sind die größten Unterschiede zwischen der dritten
und der zweiten Generation?
Welchen neuen Herausforderungen, Problemen und Aufgaben
muss sich die dritte Generation stellen?

Ich bin 2005 nach Berlin umgezogen, um eine Recherche über das jüdische Leben in Deutschland seit dem Krieg bis heute durchzuführen. Alles hatte ein paar Monate zuvor angefangen: in Rio de Janeiro, in Brasilien, im März 2005. Es war die erste Seite des „Herald Tribune" und es war eine Geschichte über die neuen deutschen Juden, das heißt die Emigranten aus der ehemaligen Sowjetunion, und es war eine große Überraschung, ein Schock: Deutschland war das neue gelobte Land, vor Israel in der Zeit der zweiten Intifada. Seit 1990 waren mehr als 200 000 Juden nach Deutschland emigriert. Sogleich drängten sich mir Fragen auf: Wie hatte Deutschland sich so verändert, so schnell, nur in 60 Jahren, in weniger als drei Generationen? Wie hat sich Deutschland transformiert? Vom Holocaust bis zur neuen Heimat für die neuen Ost-Juden. Heute hat Deutschland die drittgrößte jüdische Gemeinde in Europa nach Frankreich und Großbritannien.

Dank dieser Recherche wurde ein Buch geboren: „L'impossible retour – Die unmögliche Rückkehr", 2007 bei Flammarion in Frankreich veröffentlicht.[1] Warum die „unmögliche Rückkehr"? 400 Seiten über die Rückkehr und dann keine Rückkehr? Ja, für mich ist das deutsche jüdische Leben seit 1945 eine unmögliche Rückkehr. Natürlich gibt es heute, aber auch schon in den Fünfziger- und Sechzigerjahren, ein jüdisches Leben in Deutschland. Es hatte allerdings fast nichts zu tun mit dem jüdischen Leben und den Juden in Deutschland vor 1933, bevor Hitler an die Macht kam. Zwischen 1933 und 1945 wurde eine ganze Welt, eine Zivilisation zerstört. 1933 gab es etwa 600 000 Juden in Deutschland, jedoch nur noch 14 000 im Jahr 1945. Deshalb war eine Rückkehr unmöglich. Es gab deutsche Juden in Amerika, in Israel, in Großbritannien und in Südamerika, aber sehr wenige, zu wenig in Deutschland. Die Juden in Deutschland, seit dem Krieg bis heute, sind überwiegend nicht deutsche Juden, sondern Juden mit polnischer oder russischer, ukrainischer oder heute israelischer Herkunft. Die unmögliche Rückkehr ist die Geschichte einer Renaissance, jedoch keiner richtigen Rückkehr: Dies war unmöglich.

Das Buch wurde 2011 in Deutschland veröffentlicht, allerdings mit einem anderen Titel: „Die Heimkehr der Unerwünschten". Das war ein Kampf mit meinem Verleger, und natürlich habe ich verloren: Es ist ein schöner Titel, das stimmt, aber halb falsch, wie wir im Folgenden sehen werden. Werfen wir zuerst einen Blick auf die Geschichte.

Die erste Generation

Die ersten Juden, die nach dem Krieg nach Deutschland zurückkamen oder die in Deutschland geblieben sind, waren wirklich unerwünscht: Sie waren das Corpus Delicti, diese KZ- oder Kriegsüberlebenden, die Geister einer Vergangenheit, die alle oder fast alle Deutschen vergessen wollten. Sie erinnerten die Deutschen an ihre vergangenen Irrungen und ihre Feigheit. Bei einer Umfrage im März 1947 bezeichneten sich 22 % der Deutschen in der amerikanischen Zone als rassistisch, 21 % als antisemitisch und 18 % als fanatisch antisemitisch. Jüdische Einrichtungen und Kultstätten wurden mit Hakenkreuzen beschmiert, Friedhöfe geschändet. 1953 waren zwei Drittel der Deutschen gegen die Wiedergutmachung an Juden und Israel.

In der Zeit der Restauration unter Adenauer war es ausgesprochen schwierig, ein Jude in Deutschland zu sein. Die Juden waren isoliert. Könnten sie ihren Nachbarn vertrauen? Was hatten sie während des Krieges ge-

macht? Könnten sie darüber sprechen? Wie haben sie ihre Kinder erzogen?
Fühlten sie sich schuldig?

Der berühmte Arno Lustiger erklärte mir: „Sie kennen die Legende,
dass in der Zeit Juden nie weit von einem Bahnhof wohnten und ihre Koffer
waren stets gepackt? Das war ein Mythos. Sie versuchten sich einzureden,
sie würden nur vorläufig in Deutschland bleiben. In Wahrheit schämten sie
sich, in Deutschland zu bleiben." Dies alles war unglaublich kompliziert.
Vor allem für die Shoah-Überlebenden, die aus Osteuropa (Polen) kamen.

Ein anderes Beispiel ist die Geschichte von Lola Waks aus Lodz, die
bis 1957 in einem DP-Lager geblieben ist, also in einer Einrichtung für sogenannte Displaced Persons. Dann ist sie mit Mann und Kindern nach Düs-
seldorf umgezogen. Einmal ging sie einkaufen. An der Kasse hat sie „Jude"
gehört. Sie ist weggegangen, schreiend, erschreckend, um ihren Mann zu
suchen. Zusammen sind sie in den Laden zurückgekommen. Der Mann
fragte: „Was haben Sie meiner Frau gesagt? Warum haben Sie ‚Jude' gesagt?" Die Frau an der Kasse hat geweint und dann erklärt: „Ich habe ‚Jut,
jut' für ‚gut' und nie ‚Jude' gesagt ..." So war die Lage in den Fünfzigerjahren. Die Zeit der Missverständnisse und des Misstrauens, die Zeit des
Schweigens. Alle wollten vergessen, vergessen. Alles neu: Architektur,
Autos, Urlaub, Konsum – es war die Zeit des Wirtschaftswunders. Und es
gab auch eine Welle von Philosemitismus, in der man Juden als Übermen-
schen, als Totem ansah. Der Philosemitismus vermittelte eine moralische
und gesellschaftliche Unschuld.

Die zweite Generation

Und dann haben diese Menschen Kinder auf die Welt gebracht. Es folgte
die zweite Generation, nach dem Krieg geboren, zumeist in Deutschland.
Dieser Generation gehörten die Kinder des Schweigens an: Kinder, die nie
von der Gesellschaft über den Holocaust gehört haben, aber auch nichts
von den Eltern, nichts in der Schule, nichts zu Hause. Nur ein Gefühl. Ein
Gefühl, ein Unbehagen, anders zu sein, eine ganz andere Geschichte zu
haben. Diese Generation war die der Kinder der Unerwünschten. Am Anfang, als sie jung waren, waren sie ebenso unerwünscht.

Aber sie waren auch Teil einer Generation, die neue Fragen an ihre Eltern gestellt hat, Fragen nach dem Eichmann-Prozess in Jerusalem und dem Auschwitz-Prozess in Frankfurt, Mitte der Sechzigerjahre. Diese zweite Generation war plötzlich sensibilisiert nach der Welle der großen Prozesse und ihrer Berichterstattung in den Medien. Sie, die jungen Deutschen, die jungen Juden, wollten mehr wissen. Sie wollten und haben es geschafft, Motor der Geschichte zu werden: Dies bedeutete die Konfrontation der Deutschen mit ihrer Nazi-Vergangenheit.

Doch die jüdische zweite Generation konnte sich noch nicht wirklich mit Deutschland identifizieren. Es war zu früh. Manche wurden Zionisten und gingen nach Israel wie Micha Brumlik und Cilly Kugelmann, manche engagierten sich für die Linke. Aber diese Erfahrungen waren oft enttäuschend, sie waren Ersatz-Identitäten. In dieser Zeit, Ende der Sechziger-, Anfang der Siebzigerjahre, als die Strukturen der BRD noch voll von ehemaligen Nazis waren, war es noch kompliziert, schwer und auch peinlich, ein Jude in Deutschland zu sein. Ich vermute, das war wie eine verlorene Generation.

Die dritte Generation
Dann kam die dritte Generation, meine Generation, die in den Siebziger- und Achtzigerjahren geboren ist. Meine Generation, ich bin 1974 in Straßburg auf die Welt gekommen, ist in einem ganz anderen Zusammenhang groß geworden: Der Holocaust war überall. In Frankreich und in Deutschland natürlich. Ich war fünf, als die US-amerikanische Serie „Holocaust" im Fernsehen gesendet wurde. Damals war es wie eine Welle. Eine Holocaust-Welle kam ins Rollen, auf der ganzen Welt und vor allem in Deutschland: keine abstrakten Zahlen, keine Berge aufeinandergestapelter Leichen, keine abgemagerten, anonymen Gespenster in gestreiften Anzügen hinter Stacheldraht, sondern vielmehr Körper, Gesichter, persönliche Schicksale, richtige Gefühle und Menschlichkeit, alles zerstört durch die Vernichtungsmaschinerie der Nazis. Und dann plötzlich Hunderte von Büchern, Podiums- und Fernsehdiskussionen, Dokumentarfilmen. Die gläserne Wand war zerbrochen. Deutschland hatte keine Ausflucht mehr: Der Antisemitismus und der Holocaust wurden plötzlich im ganzen Land öffentlich und ohne falsche Scham diskutiert. „Holocaust", das Hollywood-Melodram, war ein Kataly-

sator, und das Thema „Shoah" besetzte die Sphäre der Kultur: Ausstellungen, Museen, Theater, Bücher, Filme, die Wiederentdeckung des Klezmers … Der Holocaust war überall, und dies galt für Deutsche und Juden.

Am meisten interessant finde ich Folgendes: Plötzlich teilten diese Vertreter der dritten Generation, junge Juden und junge Deutsche, eine gemeinsame Geschichte, diese riesige und monströse Geschichte, das Gewicht der Nazizeit. Sie – Enkel von Opfern, Enkel von Tätern – brachten ganz unterschiedliche Perspektiven ein, doch sie teilten diese gemeinsame Vergangenheit, zum ersten Mal seit dem Krieg. Der Wiener Schriftsteller Robert Schindel hat dies in seinem großartigen Roman „Gebürtig" in zwei Sätze zusammengefasst: „Glauben Sie mir, Katz, für mich ist das kein Vergnügen, Deutscher zu sein." Und Katz antwortet: „Jude zu sein für mich auch nicht, mein lieber Sachs."[2]

Plötzlich waren sie richtige Mitbürger: Sie hatten eine gemeinsame Sprache, ein gemeinsames Erbe, weil sie aus demselben Nährboden, aus derselben Matrix kamen. Es ist das Schicksal der dritten Generation.

An dieser Stelle möchte ich eine persönliche Geschichte erzählen, da sie, glaube ich, ein gutes Beispiel darstellt. Nachdem ich in Deutschland mein Buch veröffentlicht hatte, kontaktierte mich ein Kinoregisseur, Lars Kraume. Lars ist ein Jahr älter als ich, also auch ein Kind der dritten Generation, aber von der deutschen Seite. Wir haben zusammen ein Drehbuch geschrieben, einen Film über Fritz Bauer – „Der Staat gegen Fritz Bauer" –, der seit Oktober 2015 in den Kinos läuft.

Warum erzähle ich diese Geschichte? Weil sie dieses gemeinsame Erbe zeigt. Ein französischer Jude und ein Deutscher stellen sich zusammen der schrecklichen Geschichte. Ein Dialog und viele Brücken. Ein gemeinsames Verlangen, die bösen Geister zu bannen, vielleicht. Das Verlangen, unsere Erinnerungen und Erfahrungen bewusst zu machen, eine gemeinsame Vergangenheitsbewältigung, eine Spur zu legen, eine Versöhnung. Wir, der Franzose und der Deutsche, brauchten uns, zur Versöhnung.

Aber jetzt? Die dritte Generation ist jetzt 30 oder 40 Jahre alt. Was machen wir? Was sagen wir unseren Kindern? Was können sie hören und was wollen sie hören? Es ist weit komplizierter als vor 20 oder 30 Jahren. Und die letzten Zeitzeugen schwinden.

Ich lebe nicht mehr in Deutschland, doch ich rede, ich lese und ich fühle. Ich fühle, dass verschiedene Gedächtnisse miteinander ringen. In Deutschland zuerst. Die Juden in Deutschland oder die deutschen Juden sind anders als früher. Ein „sowjetischer Jude" hat ein ganz anderes Gedächtnis, eine ganz andere Identität als ein deutscher Jude oder ein Jude mit polnischer Herkunft. Seine Feinde waren mehr Stalin und Breschnew als Hitler. In der deutschen Gesellschaft gibt es noch mehr Spannungen. Es existiert kein „Holocaust Monopol" mehr wie in den Achtziger- oder Neunzigerjahren. Vor etwa zehn oder 15 Jahren haben die Deutschen ihre Leiden wiederentdeckt: die Vertreibung von Ostpreußen, Pommern oder aus dem Sudetenland, die Städtezerstörungen und so weiter. Es begann mit dem Roman von Günter Grass „Im Krebsgang". Heute gibt es darüber hinaus einen „Wettbewerb" mit der DDR-Zeit, vielleicht mit der RAF-Zeit und, dies ist relativ neu, die Deutschen sind weit stolzer als früher. Auch in Frankreich ist jetzt etwas passiert: ein Wettbewerb der Gedächtnisse – Juden gegen Araber, aschkenasische gegen sephardische Juden, Vichy-Zeit gegen den Krieg in Algerien ... Es ist wie ein großer Korb voll von Geschichte, eine große Mischung von Geschichte, und für die dritte Generation ist es nicht einfach, damit umzugehen.

Ich glaube, es handelt sich heute um eine europäische Problematik. Für die dritte Generation, für Deutschland, für Europa. Die Unerwünschten sind die Erwünschten oder auch die „Super-Erwünschten" geworden: ein Zeichen, stark, sehr stark, der Normalität.

Es gibt wieder Juden in Deutschland und in Europa. Aber zugleich gibt es neue Herausforderungen:

• Was machen wir mit dieser Geschichte?
• Wie übermitteln wir diese Geschichte?
• Und was unternehmen wir gegen den Antisemitismus, den neuen Faschismus, den Islamischen Fundamentalismus?

Dies sind die neuen Aufträge der dritten Generation.

JOACHIM SÜSS, ERFURT

DER LANGE SCHATTEN UNSERER VERGANGENHEIT – ÜBER DAS TRANSGENERATIONALE ERBE DER NACHKRIEGSGENERATIONEN IN DEUTSCHLAND

Derzeit macht ein Begriff Karriere, der innerhalb der dritten Generation in Deutschland immer häufiger als Selbstbezeichnung gebraucht wird: der Begriff „Kriegsenkel". Bücher zu diesem Thema halten sich monatelang auf den Bestsellerlisten. In vielen Städten entstehen seit etwa fünf, sechs Jahren sogenannte Kriegsenkel-Gruppen. Entsprechende Foren in den sozialen Netzwerken boomen. Überall treffen Menschen zusammen, die einer einzigen Frage auf der Spur sind: Wie hat sich die Schuldverstrickung der Eltern und Großeltern im NS-Regime oder ihre Erfahrung während der Flucht oder im Bombenkeller auf ihr eigenes Leben ausgewirkt?

Die hier nach Antworten suchen, haben all dies persönlich gar nicht erlebt, denn sie kamen ein oder mehrere Jahrzehnte nach den katastrophalen Ereignissen zur Welt. Es ist die Generation der Babyboomer, die inzwischen spürt, dass es eine „Gnade der späten Geburt" nicht gibt. Im Hinblick auf die deutsche Verantwortung vor der Geschichte ist dies eine Binsenweisheit.

Wie massiv Krieg und Gewaltherrschaft aber das seelische und soziale Leben gänzlich unbeteiligter Menschen auch 70 Jahre nach der Befreiung immer noch deformieren können, wird in Deutschland erst allmählich wahrgenommen. Sozialwissenschaftler und Psychologen sprechen in diesem Zusammenhang von einer „transgenerationalen Weitergabe kriegsbedingter Traumatisierungen". Welche individuelle und gesellschaftliche Tragweite dieses Phänomen hat, davon handelt der Aufsatz.

Mahnmal der Kriegsheimkehrer für die Opfer und Vertriebenen des Zweiten Weltkriegs
über dem ehemaligen Grenzdurchgangslager Friedland/Niedersachsen, 2010

Leben unter dem Traumaschatten

Unter dem Titel „Sei brav, Mutti hat schon genug Schlimmes durchgemacht!" beschrieb die Journalistin Karin Hagemeister in der Zeitschrift „Brigitte Woman" ihre Kindheit im Nachkriegsdeutschland der Sechziger- und Siebzigerjahre.[1] Sie berichtet von den großen Anstrengungen ihrer Eltern, eine „normale" Familie zu sein. Und doch kann ihr nicht entgehen, dass diese Familie und damit sie selbst anders ist als die anderen Menschen in ihrer Umgebung. Diese stammen fast alle aus dem Umland, ihre Familie dagegen kam mütterlicherseits aus Ostpreußen. Die Urgroßmutter starb während der Flucht, zurückgelassen im Schnee, die eigene Mutter wurde als junge Frau nach Sibirien verschleppt und kam erst nach Jahren der Gefangenschaft frei, körperlich und seelisch schwer in Mitleidenschaft gezogen. Während Vater und Mutter um jeden Preis bemüht waren, nach außen das Bild einer gewöhnlichen Familie zu präsentieren, war das Leben zuhause geprägt von innerer Zerrissenheit und voller Widersprüche. „Ich begriff früh, dass meine Eltern nicht bloß geschont werden mussten. Vor allem meiner Mutter sollte ich das Leben wieder lebenswert machen. Meine Schwester und ich sollten ihren Traum von einer normalen Familie erfüllen. Nur war an unserer Familie kaum etwas normal."[2]

Für die junge Frau waren die Konsequenzen fatal. Sie habe sich innerlich wie tot gefühlt und eine schwere Depression entwickelt. Erst als sie auf das Kriegsenkel-Thema aufmerksam wurde, habe sich ihr ein Weg der Heilung und des Verstehens eröffnet.[3]

Vielen Menschen dies- und jenseits der Lebensmitte geht es ähnlich. Auch sie nehmen wahr, dass sich hinter dem Familienalltag ihrer Kindheit und Jugend eine andere Realität verbirgt. Sie ist nur schwer zu greifen, konterkariert jedoch jede bürgerliche „Normalität" als mühsam aufrecht erhaltene Fiktion. Auch deshalb haben viele von ihnen das Gefühl, dass „irgendetwas mit ihnen nicht stimmt".

Interessant ist, wie diese Menschen ihre Lebenssituation beschreiben. Für die zahlreichen Gespräche, die ich geführt habe, und die Selbstzeugnisse, die in der Literatur mittlerweile zugänglich sind, können folgende Aussagen als typisch gelten:

- Diese Menschen fordern nichts von ihrer Gemeinschaft ein, weil sie sich tief in ihrem Inneren nicht zugehörig fühlen und sich nicht für wert befinden, etwas von Anderen zu erwarten,
- sie glauben weder an sich selbst noch an ihre Potenzen, sondern agieren aus einer tiefen Empfindung von Schwäche und mangelndem Vertrauen heraus,
- viele betrachten sich als abseits stehend: im Beruf, in dem sie nicht vorankommen oder der nicht der richtige ist für sie,
- oder familiär, durch ein Leben als Single oder Kinderlosigkeit, die in diesem Personenkreis weit verbreitet ist,
- viele berichten darüber hinaus von wiederholten Erfahrungen des Scheiterns, von unspezifischen Ängsten, einem defizitären Selbstwertgefühl und einer Grundempfindung innerer Unsicherheit.

So sieht bei aller an dieser Stelle gebotenen Kürze das Lebens- und Seelenbild von Menschen aus, die sich in zunehmender Zahl selbst als „Kriegsenkel" bezeichnen. Was ist darunter zu verstehen?

Der Begriff „Kriegsenkel" selbst dürfte literarischen Ursprungs sein. Geprägt wurde er wohl von der in München ansässigen Psychologin, Autorin und Fernsehmoderatorin Katharina Ohana, die ihn in ihrem autobiographisch gefärbten Roman „Ich, Rabentochter" benutzt, um die Beziehung zu ihrer heimatvertriebenen sudetendeutschen Mutter zu charakterisieren. Seine Popularität verdankt er aber vorwiegend zwei Sachbüchern, nämlich „Wir Kinder der Kriegskinder" der Journalistin Anne-Ev Ustorf aus dem Jahr 2008 sowie „Kriegsenkel – Die Erben der vergessenen Generation" der Autorin Sabine Bode, 2009 erstmals erschienen. Alle hier genannten Bücher sind in zahlreichen Nachauflagen gedruckt worden und bis heute erhältlich.

Wer ist gemeint, wenn wir von „Kriegsenkeln" sprechen? Zunächst sind Kriegsenkel die Kinder der „Kriegskinder", also jener Generation, die etwa zwischen 1928 und 1946 geboren wurde. Ihre Vertreter waren während der

VERTRIEBEN
WURDEN NACH 1945
AUS DER HEIMAT
OSTWÄRTS DER
ODER/NEISSE UND
DES BÖHMERWALDES,
AUS OST-EUROPA
UND AUS
SÜDOST-EUROPA
15.000.000 DEUTSCHE.

VERSCHLEPPT
WURDEN
WEITEN DES

Die Wunden der Vergangenheit heilen: Polnische und
deutsche Kriegsenkel restaurieren Grabstätten der früheren deutschen
Bewohner von Domaškóv/Ebersdorf in Niederschlesien, 2012

NS-Zeit und im Zweiten Weltkrieg Kinder bzw. Jugendliche. Die Eltern der Kriegsenkel waren, und dies ist eine im Hinblick auf die sozialpsychologische Diagnostik der Nachkriegsgenerationen wichtige Aussage, in ihrer großen Mehrheit nicht aktiv an den Gräueln der Nationalsozialisten und am Krieg beteiligt.[4] Sie wurden allerdings zu Opfern ihrer Zeit, weil sie den Gewalterfahrungen durch NS-Terror und Krieg, aber auch den Entbehrungen bei Flucht und Vertreibung nur wenig entgegenzusetzen hatten.

Der Begriff „Kriegsenkel" bezeichnet Menschen, die etwa von 1960 bis 1975 geboren wurden. Er bezieht sich also auf die Angehörigen der geburtenstarken Jahrgänge, auch „Babyboomer" genannt, bis zum Höhepunkt des „Pillenknicks".[5] Die Jahrgangszahlen grenzen die Gruppe der Betroffenen allerdings nicht hermetisch ein; natürlich kann sich auch ein 1955 Geborener als „Kriegsenkel" verstehen.

Seit wenigen Jahren macht dieser Begriff eine erstaunliche Karriere. Tagungen und Konferenzen sind ihm gewidmet, so auch die Laupheimer Gespräche 2015. Zahlreiche Sendungen in Rundfunk und Fernsehen, Beiträge in Zeitungen und Zeitschriften sowie im Internet befassen sich damit. Er hat inzwischen eine starke identifikatorische Kraft entfaltet, und immer mehr Menschen in Deutschland benutzen ihn als Selbstbezeichnung. Sie sagen mit großer Selbstverständlichkeit: „Ich bin ein Kriegsenkel."[6]

Außerdem lässt sich feststellen, dass das Thema eine internationale Dimension zu gewinnen beginnt: Jüngst outete sich der frühere schwedische Integrationsminister und heutige Vorsitzende der Olof-Palme-Stiftung, Jens Orback, in einem Buch als Kriegsenkel. Seine Mutter stammte aus Pommern, von wo sie 1945 unter dramatischen Umständen fliehen musste.[7]

Eine neue Sicht auf die eigene Biographie

Kein Zweifel, das Thema nimmt im öffentlichen Diskurs stark an Fahrt auf, manche meinen auch, da „explodiere" gerade ein Komplex neuer Erkenntnisse und Einsichten in unser gesellschaftliches Bewusstsein hinein.[8] Viele „Kriegsenkel-Gruppen" haben sich in den vergangenen Jahren in deutschen Städten gebildet. Nur ganz selten geschah dies auf Anregung von Institutionen wie Kirchen oder Vereinen hin. In der Regel handelt es sich bei diesen Gruppen um Gründungen von Einzelpersonen, die gemeinsam mit

Das Lapidarium von Domaškóv (Detail), 2015

Gleichgesinnten untersuchen wollen, welchen Einfluss die Kriegskindheit ihrer Eltern und die Geschichte ihrer Familie im weiteren Sinne während der NS-Zeit auf sie hatte. Oft ist die Entstehung einer Kriegsenkel-Gruppe von der Lektüre der einschlägigen Literatur zum Thema inspiriert, die vielen Leserinnen und Lesern das erste Mal überhaupt einen tiefen Zugang zum Verständnis ihres eigenen Lebens eröffnete.

Auch der im Jahr 2010 gegründete Verein „Kriegsenkel e. V." knüpft an die generationenübergreifende Wirkung belasteter Kindheiten an und möchte Impulse zur weiteren gesellschaftlichen Auseinandersetzung mit den Langzeitfolgen von Krieg und Gewaltherrschaft setzen sowie Interessierte und Betroffene miteinander vernetzen.[9] Betrachtet man die Vielzahl von Aktivitäten und Veröffentlichungen auf diesem Gebiet, dann kann man durchaus von einer eigenständigen neuen sozialen Bewegung in Deutschland sprechen, nämlich der „Kriegsenkel-Bewegung".

Wie ist das zunehmende Interesse zu erklären? Die Kriegsenkel-Thematik entfaltet auf der persönlichen Ebene ihre Kraft, weil sie die Tür zu einer Entdeckung oder Neuentdeckung der Familiengeschichte öffnet: Was haben die eigenen Angehörigen, Eltern, Großeltern und andere Verwandte zwischen 1933 und 1945 getan bzw. erlebt oder erlitten? Die Beschäftigung hiermit liefert dann den Schlüssel zu einer Hypothese mit weitreichenden Konsequenzen: Könnte es sein, dass das Handeln und Erleben der Vorfahren in den dunklen Jahren auf das eigene Leben heute einwirkt und es vielleicht sogar prägt?

Die Erkundung der eigenen Familienbiographie eröffnet eine neue, vertiefte und darum vollständigere Sicht auf einen selbst. Der Horizont erweitert sich gleichsam nach hinten, in die Vergangenheit. Kriegsenkel erkennen, dass sie ihr Leben nicht allein aus sich selber schöpfen, aus der Spanne zwischen Geburt und Gegenwart, sondern dass es eine Vorge-

Niemals vergessen: So hat es angefangen! Zerstörungen auf dem jüdischen Friedhof in Kłotzko/Glatz in Niederschlesien, 2011

schichte gibt, die ebenfalls etwas mit ihnen zu tun hat, die etwas mit ihnen macht, die sich auswirkt und die Erklärungen dafür bietet, warum ihr Leben aus subjektiver Sicht unter Umständen als unbefriedigend oder unerfüllt empfunden wird. Warum es geprägt war oder noch ist von Unglücklichsein, diffusen Ängsten usw. In den Vorkriegs-, Kriegs- und den unmittelbaren Nachkriegserfahrungen der Eltern und Großeltern liegen die Ursachen dafür, dass sich Viele nicht zugehörig fühlen und meinen, weniger wert zu sein als andere. Und dafür, dass sie das Empfinden mit sich herumtragen, irgendetwas stimme mit ihnen nicht.

An dieser Stelle ist eine Differenzierung angebracht. Nachkommen von NS-Verbrechern bezeichnen sich oft als „Täterenkel". Das tut zum Beispiel Alexandra Senfft, Enkelin des 1947 wegen vieltausendfachen Mordes an slowakischen Juden in Bratislava gehenkten Hitler-Statthalters Hanns Ludin.[10] Senfft ist der Auffassung, dass Täterenkel eine anders nuancierte Verantwortung tragen als Kriegsenkel, und dass ihr Lebensweg stärker von der Generation der Großeltern als der Eltern geprägt worden ist. Diese Personen tragen letztlich ein Erbe, das sie doppelt belastet: einmal wegen der Schuld ihrer Großeltern, die aktiv an den nationalsozialistischen Verbrechen beteiligt waren oder diese sogar initiiert haben, dann aber auch wegen der Eltern, die diese Schuld verschwiegen, daran zerbrachen oder sie nicht selten auch schönredeten, nach dem Motto: „Opa war Widerstandskämpfer."

Warum wir sind, wer wir sind: Das Erbe der Kriegskinder

All dies bedeutet: Allein schon die Annahme, die Geschichte der Vorfahren während der Nazizeit und dem, was sie auslöste, könnte etwas mit dem eigenen Leben zu tun haben, und zwar auf elementare, prägende Weise, entfaltet eine heilende Wirkung. Mit ihr zeichnet sich nämlich die Möglichkeit ab, dass man gar nicht selber „seines Unglückes Schmied" ist, also selber gar nicht direkt schuld ist an den kleineren und größeren „Katastrophen" sowie dem Gefühl, dass es nicht so läuft, wie es unter anderen Voraussetzungen hätte laufen können. Warum? Weil mehr und mehr zur Gewissheit wird, dass dafür nicht Unvermögen die Ursache ist, sondern es fremde, ältere Kräfte sind. Welch eine Befreiung!

Die alte Kaserne von Postelberg/Postoloprty, Stätte des Massakers von Postelberg, 2012.
Dort wurden im Mai und Juni 1945 bis zu 2700 deutsche Zivilisten ermordet

Schlichte Gedenktafel für die Opfer des Postelberg-Massakers
auf dem Gemeindefriedhof von Postoloprty, 2012

Schauen wir den Mechanismus einmal genauer an, der zwischen den Generationen wirkt. Ich erlaube mir ein persönliches Beispiel. Meine älteste Tochter ist 15 Jahre alt. Obwohl sie kein Kind mehr ist, kommt sie mir immer noch zerbrechlich und schutzbedürftig vor, und das ist sie ja auch. Sie ist damit genauso alt wie ihr Großvater war, als er vor heute genau 70 Jahren, am 3. Juni 1945, in das berüchtigte tschechoslowakische Internierungslager Postelberg – Postoloprty – getrieben wurde. Alle männlichen Einwohner seiner Heimatstadt, dem nordböhmischen Saaz, ausnahmslos Deutsche und überwiegend Kinder, Jugendliche, ältere und alte Männer, wurden dort interniert. Ein Großteil wurde innerhalb weniger Tage von ihren tschechischen Bewachern liquidiert; Peter Glotz hat darüber geschrieben.[11] Mein Vater überlebte, weil er zufällig ausgesucht und mit einigen anderen Insassen zu einem Einsatz in der Landwirtschaft befohlen wurde. Daraus wurde ein Jahr Zwangsarbeit, bevor er dann im Sommer 1946 endgültig aus seiner Heimat abgeschoben wurde. Der Zwangsdienst rettete ihm das Leben; fünf seiner Freunde, die zwischen 12 und 15 Jahren alt waren, überlebten die ersten Tage im Lager dagegen nicht. Sie wurden zur Abschreckung erschossen und genauso wie viele andere ermordete Insassen auf den umliegenden Wiesen verscharrt. Genaue Opferzahlen gibt es bis heute nicht, eine tschechische Regierungskommission spricht von 2700. Die Zahl 2200 nannte die „Süddeutsche Zeitung" vor einiger Zeit. 1947 wurden lediglich 763 Leichen exhumiert, die man rasch ins nahe gelegene Brüx schaffte und im dortigen Krematorium verbrannte. Etwa 1600 Opfer sind namentlich erfasst.[12]

Wie gesagt, mein Vater war zum Zeitpunkt seiner Internierung 15 Jahre alt. Wenn ich mir nun meine Tochter vorstelle, und versuche, mich in sie hineinzuversetzen und mir dann vorstelle, sie würde von Fremden plötzlich gewaltsam aus allem herausgerissen, was ihr bislang Schutz, Geborgenheit und Heimat bedeutet, in ein Lager gezwungen und dort all der Gewalt ausgesetzt, die ihr Großvater erlebt hatte, dann bekomme ich eine Ahnung von der Monstrosität dieser existenziellen Bedrohung; eine Ahnung vom Zusammenbruch aller Gewissheiten und von den Schockwellen, die von nun an bis ans Lebensende durch das Dasein eines Betroffenen rasen werden.

Brücken schlagen: Der Vater des Autors, ein Kriegskind, und eine tschechische Kriegsenkelin im Hof seines Geburtshauses, in dem die junge Frau heute lebt, 2011

Und ich beginne zu verstehen, warum unsere Kriegskinder-Eltern zu dem wurden, was sie sind und warum sie ihren Kindern, den Kriegsenkeln, so wenig Zuversicht, Selbstvertrauen und nur ein brüchiges Lebensfundament mitgeben konnten. Die Forschung spricht in diesem Zusammenhang von „transgenerationaler Weitergabe kriegsbedingter Belastungen bzw. Traumatisierungen". Der in Kassel lehrende Psychoanalytiker und Alternsforscher Hartmut Radebold hat diesen Terminus geprägt und erste Forschungsergebnisse dazu vorgelegt.[13]

Ich selber bevorzuge den Terminus „Traumaschatten". Persönliche Erfahrungen, schwere Belastungen und Traumata sind für sich genommen nicht übertragbar. Ihre Wirkungen aber, ihre seelischen und körperlichen Folgen sehr wohl, und sie machen sich im Leben der Nachkommen bemerkbar, die dann gleichsam unter dem Schatten einer von ihnen selbst nicht erlittenen Belastung zu leben haben. Diesen Zusammenhang habe ich exemplarisch an meiner Heimatstadt Stadtallendorf aufgezeigt, die die größten Munitionswerke Nazideutschlands beherbergte. Dort wuchs ich buchstäblich in den Trümmern des Dritten Reiches auf, ohne dass mir und vielen anderen die ganze Tiefendimension der Geschichte unseres Ortes klar gewesen wäre. Dazu zählten nicht nur ihre im übertragenen wie auch im faktisch-chemischen Sinne vergifteten Böden, sondern auch die tausendfachen Schicksale der jüdischen und osteuropäischen Zwangsarbeiter, die hier bis 1945 Munition für Hitlers Vernichtungskrieg im Osten herstellen mussten. Die Öffentlichkeit begann erst in den Achtzigerjahren, sich für das Schicksal dieser Menschen zu interessieren.[14]

Wie aber kann es sein, dass die Erschütterungen des Kriegs noch zwei, drei Generationen später spürbar sind? Ich antworte mit einem Bild: Stellen Sie sich einen Tisch vor, auf dem sich ein gefülltes Glas Wasser befindet. Den Tisch trifft ein Fausthieb. Dieser Hieb versetzt nicht nur den Tisch in Schwingungen, sondern auch das auf ihm befindliche Glas; Flüssigkeit schwappt heraus, und vielleicht stürzt das Glas auch um. Der Tisch in diesem Bild steht für die Elterngeneration. Das Wasserglas symbolisiert die Kriegsenkel. Und der Faustschlag steht für die Erschütterungen durch Gewaltherrschaft, Krieg, Flucht, Vertreibung, Bombardierung und weitere Formen der Gewalt. Der Faustschlag trifft zwar nur den Tisch selber, das

Glas, das sich auf ihm befindet, ist aber gleichermaßen betroffen. So wurden die traumatischen Erfahrungen der Eltern zu Blaupausen der Biographie ihrer Kinder, deren Schicksal zum Muster ihres Schicksals.

Lange schien es für den Prozess der transgenerationalen Weitergabe keine harten wissenschaftlichen Belege zu geben. Die an der eigenen Lebenserfahrung gewonnenen Einsichten in die Prägekräfte der eigenen Biographie blieben somit spekulativ, wenn auch schlüssig, denn sonst hätte das Thema „Kriegsenkel" nicht innerhalb der vergangenen fünf, sechs Jahre eine derart rasante Verbreitung gefunden. Dies hat sich inzwischen geändert. Eine 2013 veröffentlichte US-Studie im Fachgebiet Epigenetik wies nach, dass negative Erfahrungen nicht nur das Erbgut der Betroffenen deformieren können, sondern über das Erbgut auch in die nächste und übernächste Generation hineingetragen werden. Die Wissenschaftler schlussfolgern aus ihrer Untersuchung: Nicht nur die eigene Biographie entscheidet darüber, ob ein Mensch zuversichtlich und gesund durch sein Leben geht, sondern auch die Lebensgeschichte seiner Vorfahren.[15]

Man schätzt, dass ein Drittel der Kinder derer, die während des Kriegs Kinder oder Jugendliche waren, Opfer der transgenerationalen Traumatisierung wurden, oder, wie ich auch formulieren könnte, die heute unter dem Traumaschatten einer längst vergangenen Katastrophe leben müssen.[16]

Wer also herausfinden möchte, was mit ihm nicht stimmt, sollte herausfinden, was mit seiner Familie nicht stimmt.

Eine Generation findet zu sich selbst

Wir haben gesehen: Die erstaunliche Karriere, die der Begriff „Kriegsenkel" seit gut einem halben Jahrzehnt macht, erklärt sich auf der persönlichen Ebene aus einer entlastenden Funktion: Indem man die eigene Familiengeschichte und ihre Verstrickung in die deutsche Schreckenszeit untersucht, entdeckt man, dass man, vereinfacht gesprochen, nicht alleine schuld ist am krummen Verlauf seines Lebens.

Kriegsenkel sind im Wesentlichen, wie oben bereits ausgeführt, die Angehörigen der geburtenstarken Jahrgänge, der Babyboomer-Generation. Es ist die Generation, die unser Land heute maßgeblich gestaltet, der aber führende Publizisten wie der verstorbene Herausgeber der „Frankfurter Allgemeinen Zeitung", Frank Schirrmacher, eine gewisse Langeweile attestierten; man erkenne eigentlich gar nicht, wozu sie da sei.[17]

Ihre Vorgänger, die sogenannten Achtundsechziger, hatten Väter, die aktiv am Krieg und an den Naziverbrechen beteiligt gewesen waren. An ihnen und ihrer Schuld wollten und mussten sich die Kinder abarbeiten, um ein neues moralisches Fundament zu gewinnen. Die Eltern der Kriegsenkel waren während der NS-Zeit und im Krieg allerdings Kinder und Jugendliche und damit in einer vollkommen anderen Situation. Sie waren dem unaussprechlichen Grauen ihrer Zeit hilflos ausgesetzt. Ihre Kinder, wir, haben dies lange nicht sehen können. Die Kriegsenkel ahnten zwar, dass der Furor der Achtundsechziger, mit dem sie mit ihren Täter-Vätern und Mutterkreuz-Müttern abrechneten, bei den eigenen Eltern nicht angebracht war. Aber durch die Übermächtigkeit der deutschen Schuld war Jahrzehnte lang der Blick auf deren Schicksal und die Traumata ihrer Kindheit und Jugend versperrt. Weil es so war, blieben ihren Nachkommen wesentliche Prägekräfte der eigenen Biographie verborgen, und der Krieg konnte sich gänzlich unbemerkt auch in das Leben der Kriegsenkel einnisten, Jahrzehnte nach seinem Ende.

Möglicherweise – nein, sicher! – wären Vielen langwierige und schmerzhafte biographische Um- und Abwege sowie manche Fehlentscheidung im Beruflichen wie Persönlichen erspart geblieben, hätten sie rechtzeitig ihre familienbiographischen Tiefenprägungen und die Kräfte, die dort am Werk waren, wahrnehmen können. Notgedrungen müssen sie dies jetzt nachholen, obwohl viele Kriegsenkel den Zenit ihres Lebens schon erreicht oder sogar überschritten haben.

Kriegsenkel sind Menschen, die sich nicht damit abfinden wollen, dass 70 Jahre nach dem Ende von Krieg und Gewaltherrschaft in Europa immer noch böse Kräfte von damals über sie bestimmen und ihre Lebendigkeit blockieren. Ihre Bemühungen gehen dahin, dass sie endlich ihre Energie entdecken und in ihrem eigenen, individuellen Dasein ankommen, ohne weiter von einer unseligen Vergangenheit niedergedrückt zu werden. Licht in das Dunkel bzw. in die Abgründe der Familiengeschichte zu bringen,

Ehemalige deutsche Einwohner von Saaz/Žatec sowie Kriegsenkel
aus Deutschland und Tschechien gedenken der Opfer am Mahnmal
der wilden Vertreibung von 1945, 2011

vermag die Dämonen aus einer anderen Zeit zu verscheuchen und eröffnet den Weg zu jenem Leben, das uns als Mensch zugesagt ist.

Die Angehörigen der mittleren Generation in Deutschland sind nach Jahrzehnten der Suche nach sich selbst am Ziel angekommen. Als Kriegsenkel haben sie endlich zu ihrer Identität gefunden. Der Begriff selbst beschreibt, warum sie die geworden sind, die sie sind: Die Nachkommen einer ihrerseits unter den Vorzeichen von NS-Gewaltherrschaft und Krieg schwer traumatisierten Generation haben verstanden, dass es eben jene Traumata waren, die ihr eigenes Leben prägten und ihm seine spezifische Gestalt verliehen.

Die Bertelsmann Stiftung veröffentlichte im Frühjahr 2015 eine Umfrage, der zufolge 81 % der Deutschen ein Ende der Holocaust-Debatte befürworteten.[18] Solche Umfragewerte erschrecken. Dagegen steht jedoch die tiefgreifende Einsicht einer wachsenden Zahl von Menschen in Deutschland, eben der Kriegsenkel, dass sie existenziell mit der Geschichte unseres Landes verwoben sind und sich nicht einfach nach Belieben aus ihr verabschieden können. Dieses Eingebundensein in die unteilbare, ganze Geschichte entlarvt jede Vorstellung, es könnte jemals einen Schlussstrich unter NS-Terror und Krieg gezogen werden, als pegidahafte Absurdität.

Kriegsenkel bleiben jedoch nicht bei der Klärung ihrer jeweiligen Identität stehen. Ihre Arbeit verfolgt zugleich ein gesellschaftliches Ziel. Indem sie nämlich ihr familienbiographisches Erbe bewusst annehmen, bekennen sie sich zugleich zu ihrer Verantwortung für das historische Erbe Deutschlands. Sie stellen sich der Geschichte und sie treten dafür ein, das gesellschaftliche Bewusstsein für die Langzeitfolgen menschenverachtender Politik zu schärfen.[19] Gerade auch im Interesse eines „Nie wieder!"

Es scheint, als habe die mittlere Generation in Deutschland unter dem Label „Kriegsenkel" sieben Jahrzehnte nach dem Ende des Zweiten Weltkriegs endlich ihre Identität, ihr Generationenprofil und damit ihre historische Aufgabe gefunden.

CORNELIA BLASBERG, MÜNSTER

DIE DRITTE GENERATION
UND DIE LITERATUR

Der Aufsatz lotet am Beispiel zweier aktueller Romane von VertreterInnen der dritten Generation – „Himmelskörper" von Tanja Dückers und „Die Verlorenen" von Daniel Mendelsohn – die spezifischen Möglichkeiten von Literatur im Gedächtnisdiskurs aus. Literatur wird als wichtiges Medium eines postmodernen (und postnationalen) Identitätsprojekts aufgefasst: Sie entwirft Erzählmuster und reflektiert Lebensbedingungen, die Vergangenes in die Gegenwart (des Schreibens und Lesens) integrieren und vor allen Dingen zukunftsfähig machen. Literatur stellt somit nicht in erster Linie ein Archiv geschichtlichen Wissens über Nationalsozialismus und Holocaust zur Verfügung, sondern hat vorrangig das Ziel, Menschen zur Verknüpfung dieses Wissens mit ihren eigenen Gegenwartserfahrungen anzuleiten.

Wer sich für die Lebenserfahrungen der dritten Generation nach Nationalsozialismus, Weltkrieg und Holocaust und für deren je nach Zugehörigkeit zu ‚Täter'- oder ‚Opfer'-Familien differenten Zugänge zur Vergangenheit interessiert, findet eine Fülle literarischer Zeugnisse vor. Da sich diese Texte im Hinblick auf Sprachen, Inhalte und Formen, Darstellungsintentionen und -schwerpunkte, Literarizität und wissenschaftliche Informiertheit extrem unterscheiden und die ganze Vielfalt der Diskussion um das Thema spiegeln, ist eine Konzentration auf wenige Bücher notwendig, um deren Besonderheiten prägnant herauszuarbeiten und im Vergleich als exemplarisch darstellen zu können.

In diesem Fall ist die Wahl auf den Roman „Himmelskörper" von Tanja Dückers (2003) und „The Lost (Die Verlorenen)" von Daniel Mendelsohn (2006) gefallen: Beide Texte erzählen die Geschichte von drei Generationen aus der Perspektive der jeweils dritten Generation,[1] und ebenso aufschlussreich wie die Beobachtung der Analogien zwischen den Erzählprojekten ist das Nachdenken über deren Unterschiede. Dückers' Roman inszeniert die Suche nach einer verdrängten, in Deckgeschichten versteckten, von den Tätern delegierten Schuld im Rahmen einer deutschen Familie; Mendelsohns Roman schildert die langwierige, anstrengende Recherche nach dem Schicksal von sechs in den Bolechower Pogromen 1942/43 ermordeten jüdischen Familienangehörigen und nimmt die Leser mit auf Reisen durch jene Länder, in die sich die Überlebenden des Massakers retten konnten.

Notwendige Differenzierungen: Gedächtnis, Generation, Literatur

Literatur- und Kulturwissenschaften haben sich in den letzten Jahrzehnten methodologisch derart ausdifferenziert, dass es notwendig ist, die leitenden Begriffe der Textanalyse Revue passieren zu lassen und ihre aktuelle Bedeutung und Aussagekraft im Kontext der wissenschaftsgeschichtlichen Entwicklungen zu prüfen. So ist es für die Interpretation von literarischen Texten unabweisbar von Belang, dass Historiker und Soziologen die Abfolge der drei Generationen nach Weltkrieg und Holocaust in einem chronologischen Modell präsentieren, wohl wissend, dass es sich dabei um idealtypische, heuristisch gebildete Gruppierungen handelt.

Diesem Schema nach folgt auf die „erste" Erfahrungsgeneration der Augenzeugen, die 1933 alt genug waren, um in die Politik hineingezogen zu werden, die Generation ihrer Kinder, die, im Krieg oder kurz danach geboren, in den Sog der Studentenbewegung 1968 gerieten und die Verdrängung der Vergangenheit in Staat und Gesellschaft heftig anprangerten. Deren Kinder wiederum identifiziert man als dritte Generation mit dem Ereignis der Wende 1989. Es sind also die herausgehobenen, gesellschaftspolitische Zäsuren markierenden Daten 1933/1945, 1968 und 1989, die zur Strukturierung der Abfolge genutzt werden, ungeachtet der Tatsache, dass es empirisch natürlich eine sehr viel größere Bandbreite an möglichen Zugehörigkeiten gibt.

Der Begriff der „Generation" und im Zusammenhang damit auch der des „Gedächtnisses" wurde für Geschichts- und Kulturwissenschaften in dem Moment wichtig, als erkannt wurde, dass die im objektiven Geschichtsdiskurs nicht repräsentierten, seit den Siebzigerjahren von der „oral history"-Forschung aufgegriffenen Neben-, Gegen- und Alltagsgeschichten, in denen die Erfahrungen, Wünsche und Ängste der jeweiligen Zeitgenossen zum Ausdruck kommen, für das Verständnis menschlichen Handelns und Vermeidens in der Geschichte enorm wichtig sind – selbst wenn man es auf diese Weise mit Fehleinschätzungen, ideologischen Überblendungen und Vermeidungsstrategien zu tun bekommt. In den Blick drängt sich demnach der in den jeweiligen Gegenwarten verankerte Akt der Sinnstiftung, durch den allen vergangenen Ereignissen spezifische Bedeutung für das individuelle und kollektive Leben zugesprochen wird. Vom Standpunkt solcher Relevanzen aus betrachtet, ist Geschichte das Ergebnis retrospektiver Interpretation. Sie ist Produkt aktiver Gedächtnisarbeit, die ihrerseits selektiv und konstruktiv verfährt – selektiv insofern, als nur die jeweils wichtigen, für die Interpretation nutzbaren Ereignisse ausgewählt werden, und konstruktiv, weil sich eine Folge von Ereignissen niemals als Bilderstrom im Gedächtnis ablagert, sondern ihr Zusammenhang immer wieder erarbeitet, bestätigt und kommuniziert werden muss.

Überträgt man diese Überlegungen auf das Konzept der Generationen als Interpretationsgemeinschaften, dann ergibt sich ein verändertes Bild: Historisch gesehen war es nämlich die „zweite", die Achtundsechziger-Generation, die im Bewusstsein ihrer neuen, kritischen Sicht nicht nur auf die Nachkriegsgeschichte die „erste" – die Generation derer, die Nationalsozialismus und Holocaust miterlebt, das Wissen über die unglaublichen Verbrechen und die Schuldgefühle nach 1945 aber verdrängt hatten – gleichsam als Gegenbild zu sich selbst erschuf. Aus der zweiten Generation stammen nicht zufällig jene kritischen Historiker, Sozialwissenschaftler und Psychologen, die auch heute noch den Vergangenheitsdiskurs beherrschen. In diesem Kontext entstanden Geschichtsmodelle, die eine latente Anwesenheit der (abgewehrten) Vergangenheit in der Gegenwart entdecken, und zugleich Vorstellungen von Individuen, die nicht in ihrer eigenen Gegenwart leben können, weil sie unterbewusst die an sie delegierte historische Schuld der Eltern bearbeiten.[2] Von solcher transgenerationellen Traumatisierung legen die in der deutschen Literaturgeschichte prominent gewordenen „Vaterbücher" Zeugnis ab, dazu gehören etwa Peter Henischs „Die kleine Figur meines Vaters" (1975), Elisabeth Plessens „Mitteilung

an den Adel" (1976), Ruth Rebmanns „Der Mann auf der Kanzel" (1979),
Peter Härtlings „Nachgetragene Liebe" (1980), Christoph Meckels „Such-
bild. Über meinen Vater" (1980) und andere.

Gegen eine so diskursmächtige zweite Generation konnte sich die dritte
nur schwer durchsetzen, und gänzlich undenkbar schien es lange zu sein,
dass sie nach dem Vorbild ihrer Vorgänger die retrospektive Deutungsauf-
gabe übernahm. „Uns hat keiner gefragt", lautet denn auch der Titel einer
Essaysammlung aus der Feder der dritten Generation.[3] Während es zuerst
den Anschein hatte, als überstrahle die Interpretationsmacht der zweiten
Generation ungehemmt die Generationengrenze und werte die dritte als in-
kompetent und unzuständig für Vergangenheitsbewältigung und deren Wei-
terbearbeitung in der Zukunft ab, so mehren sich seit 2000 die Zeichen,
dass sich die dritte Generation emanzipiert und tatsächlich ihren eigenen
Rückblick auf die Großeltern- und Elternreihe in die Öffentlichkeit trägt:
in der Formenvielfalt von literarischen Texten, Filmen, Internet-Websites
und anderem.[4]

Dabei kommt der dritten Generation zugute, dass sie in vielsprachiger
internationaler Kommunikation geübt und ausgesprochen medienkundig
ist, sich also ein weltweites Forum schaffen kann und allein schon durch
die Internationalisierung des Diskurses eine neue Qualität des Nachdenkens
über Nationalsozialismus und Holocaust erreicht. Denn indem die Schrecken des Holocaust nicht mehr in den Grenzen einer jeweils nationalen Ge-
dächtnispolitik und im widerspruchsfreien Raum erprobter Rituale thematisiert werden, erwachsen neue Interpretationsmöglichkeiten, werden Per-
spektivwechsel erforderlich und Korrekturen eingefahrener Selbstbilder
möglich. Auf der anderen Seite entstehen neue Gefahren durch die Media-
lisierung und Musealisierung des Holocaust.[5]

Vor diesem Hintergrund erklärt sich eine Besonderheit der aktuellen
Auseinandersetzung mit der Vergangenheit, nämlich die Wertschätzung und
literarisch-künstlerische Inszenierung kommunikativer Gedächtnisarbeit.
Die Unterscheidung zwischen dem „kommunikativen" und dem „kulturellen" Gedächtnis geht auf die Kulturwissenschaftler Jan und Aleida Assmann zurück, die in den Achtzigerjahren darauf aufmerksam machten, dass
das kollektive Gedächtnis auf der einen Seite eine überindividuelle, trans-

historische, institutionalisierte Gestalt zum Beispiel in Form von Museen, Forschungsstätten, Denkmälern, historischen Schriften etc. hat, dass es auf der anderen Seite aber durch das lebendige Tradieren von Geschichten etwa im Familienverbund gekennzeichnet ist.[6] Die dritte Generation ist die erste, die gewissermaßen in den Genuss des wissenschaftlich bestens aufbereiteten Wissens über Nationalsozialismus und Holocaust kommt; vorbereitet durch den schulischen Geschichtsunterricht, eingebunden in ein vielfältiges Medienangebot, sind ihr die Strukturen und institutionalisierten Formen des kulturellen Gedächtnisses vertraut.

Vielleicht gerade deshalb erwächst jedoch in dieser Generation der Wunsch nach einem direkten, leibhaften Kontakt mit der Vergangenheit, zumal absehbar ist, dass die Zeitzeugen nicht mehr lange für Gespräche zur Verfügung stehen. Wenn Romane wie „Im Krebsgang" von Günter Grass, „Spione" von Marcel Beyer, „Eine Art Liebe" von Katharina Hacker und eben „Himmelskörper" von Tanja Dückers ihre Fiktion darauf aufbauen, dass ein mündlicher Austausch zwischen Großeltern- und Enkelgeneration stattfindet (der nicht immer produktiv sein kann und muss), dann reflektiert dieses narrative Muster den Wunsch der Mediengeneration nach der vorgeblichen Authentizität lebendiger Kommunikation. Zweifellos liegt diesem Wunsch eine Idealisierung zugrunde, die allein deshalb schon in den meisten Romanen zu Enttäuschungen und kritischen Revisionen führt, weil sie vorhersehbar ist. Die maßgeblichen soziologischen Forschungsarbeiten zum Thema des Generationendialogs von Gabriele Rosenthal[7] und Harald Welzer[8] bestätigen, dass in der Familienkommunikation nicht nur ‚gute', sachdienliche, aufschlussreiche, wahre Informationen überliefert werden, sondern in eben solchem Maße Fehlinterpretationen von Ereignissen, Deck- und Entschuldungsgeschichten, die den Zuhörer subkutan in eine rational nicht auflösbare familiäre Solidargemeinschaft zwingen, so dass die Enkel den in ihnen arbeitenden Widerspruch zwischen dem Gehörten und dem eigenen historischen Wissen unterbewusst zugunsten der Großeltern auflösen: „Opa war kein Nazi".

Vor diesem Hintergrund wird verständlich, warum auch der Begriff der „Literatur" im Aufsatztitel einer Differenzierung bedarf und durch den der

„Literaturen" ersetzt werden muss. Damit wird der radikalen Pluralität literarischer Texte in der Postmoderne Rechnung getragen. Plural sind nicht nur die Formen, die keinen strikten Gattungsvorgaben mehr genügen müssen und sich dank der Konkurrenz zu den verschiedenen Medienformaten selber multimedial weiter entwickelt haben. Romane integrieren Fotos, kommentieren diese oder lassen sich durch sie in einen Mediendialog ziehen, sie basieren – wie Mendelsohns „Die Verlorenen" – auf Video-Interviews und sprechen darüber. Erzähltexte referieren auf das Wissen, das in anderen Romanen, Dramen, Gedichten und Filmen überliefert ist, und sie reflektieren diese Intertextualität ebenso wie die in der Gegenwart unverzichtbare Interdiskursivität. Damit ist gemeint, dass Wissen (für die hier analysierten Romane vorrangig das historische Wissen) und Literatur sich nicht länger als Agenten der Faktizität auf der einen, der Fiktionalität auf der anderen Seite gegenüberstehen. In der zeitgenössischen Informationsgesellschaft, die nur zu gut Bescheid darüber weiß, dass man hinter einen gewissen Stand der Informiertheit nicht zurückfallen kann, dass aber gegenüber allen notwendig medial zubereiteten Informationen auch ein gehöriges Maß Skepsis angebracht ist, lösen sich die vormals festen Grenzen auf. ‚Fakten' sind Verhandlungsgegenstände der informierten Kommunikation, sind sprachlich verfasst, Ergebnisse einer meistenteils interessegeleiteten Recherche, Interpretation und Konstruktion und als solche der ‚Fiktion' recht nah verwandt.

Der Plot von „Himmelskörper", „Im Krebsgang" oder „Spione" beispielsweise wäre nicht zu denken ohne die Forschungsarbeiten von Harald Welzer, die den Romanen als Subtext zugrunde liegen. In Romanen wie „The Street Sweeper" von Elliot Perlman oder „Alles ist erleuchtet" von Jonathan Safran Foer (was beide Texte mit „The Lost" verbindet) wird das Motiv der wissenschaftlich unterstützten Reisen und Recherchen selber zum prominenten Thema.

Und nicht zuletzt bedarf der Erwähnung, dass der Begriff der „Literaturen" auf diese Weise die vielsprachigen Literaturen der Welt in sich vereint, und dass der Begriff, was für den hier interessierenden Zusammenhang von größter Wichtigkeit ist, einen Kommunikationsraum eröffnet, in dem sich eine dritte Generation nach Nationalsozialismus und Holocaust sehr viel unbefangener als früher über Täter- und Opfergeschichten, über Deutsches und Jüdisches austauschen kann. Dabei geht es selbstverständlich um Vergangenes: um die Analyse der Familiengeschichte und um die Auflösung der Rätsel, die sie hinterlassen hat. Aber andeutungsweise lösen sich die Texte auch von der Dominanz der Vergangenheit und streben eine neue, offene Kommunikation über die Chancen der Begegnung in Gegenwart und Zukunft an. Symbolisch steht in Tanja Dückers' Roman „Himmelskörper" die Geburt der Tochter Aino für den Wunsch, dass die kommenden Generationen ihr (inzwischen aufgearbeitetes und entideologisiertes) Erbe freier und unbelasteter verwalten können.

Eine Befreiungsgeschichte? Tanja Dückers' Roman „Himmelskörper"

Als der Roman „Himmelskörper" 2003 veröffentlicht wurde, herrschte Hochspannung bei der Kritik: Tanja Dückers, Literaturwissenschaftlerin, Journalistin, Verfasserin eines Erzählbandes („Café Brazil", 2001), einiger schmaler Lyriksammlungen (zum Beispiel „Luftpost", 2001) und eines Debütromans („Spielzone", 1999), trat mit einem Thema an, das der Altmeister Günter Grass zeitgleich für sich entdeckt, umfangreich recherchiert und 2002 unter dem Titel „Im Krebsgang" herausgebracht hatte. Tatsächlich beschäftigt sich ein Handlungsstrang beider Texte mit Vertreibung und Flucht der Ostpreußen vor den russischen Truppen 1944, vor allem mit dem Untergang des mit Flüchtlingen und Militärpersonal überladenen Schiffes „Wilhelm Gustloff", mit einem kontrovers diskutierten Thema also.

Indes steht die „Gustloff" gar nicht im Zentrum von Dückers' Roman. In ihm überwiegt das analytische Interesse an der Langzeitwirkung nationalsozialistischer Vergangenheit, zur erzählbaren Geschichte entfaltet am Beispiel einer sich über drei Generationen erstreckenden Familiengeschichte. Die Vertreter der ersten und Zeitzeugen-Generation sind Johanna und Maximilian, der, im Krieg zum Invaliden geworden, als Schiffsbau-Ingenieur in Gotenhafen (heute Gdynia) arbeitete und mit seiner Familie 1944 statt auf der „Gustloff" mit dem Begleitschiff „Theodor" fliehen konnte. Zur zweiten, der Ohrenzeugen-Generation, gehört die Tochter Renate, zum Zeitpunkt der Flucht fünf Jahre alt, die von den Geschehnissen traumatisiert ist, ihr Schuldgefühl durch zwanghafte Geschichtsstudien zu kompensieren versucht und schließlich den Freitod sucht. Erzählt wird der Roman aus der Perspektive der dritten Generation, vertreten durch den jungen Maler Paul und seine naturwissenschaftlich interessierte Zwillingsschwester Freia, eine Meteorologin und – so erklärt sich der Titel – Wolkenforscherin. So wie Freia für ihren Wolkenatlas nach der seltenen, nahezu durchsichtigen (und dadurch symbolisch relevanten) Wolkenformation „cirrus perlucidus" sucht, durchleuchtet sie die dunkle Geschichte ihrer Vorfahren.

Wie die meisten Gegenwartsromane über das Generationenthema besitzt der Roman eine komplexe, achrone Erzählstruktur. Das hat grundsätzlich damit zu tun, dass die Vergangenheit der ‚Täter'-Familie nicht historiographisch-genealogisch aufgearbeitet wird, sondern die Recherche- und Deutungsarbeit der folgenden Generationen im Zentrum des Interesses steht. Zwar ist der Roman untergründig durch eine vom Leser zu rekonstruierende Zeitleiste geprägt, die mit Johannas, Maximilians und Renates Flucht aus Gotenhafen beginnt, nach Berlin führt, wo Renate Peter Sandmann heiratet, auch die Großeltern angesiedelt sind, die Zwillinge Paul und Freia behütet am Stadtrand aufwachsen und von Kleinkindern zu Erwachsenen werden. Einer völlig anderen Struktur begegnet man auf der Textoberfläche, die dem Leser zunächst wie ein Labyrinth erscheint, so häufig muss er zwischen verschiedenen Zeitebenen wechseln. Die Achronie spiegelt die Schwierigkeit der Aufgabe, die sich Tanja Dückers gestellt hat. Weder erzählt sie wie eine Historikerin die Geschichte von Anfang bis Ende, noch zeichnet sie in umgekehrter Chronologie den sich von Unwissenheit zu Gewissheit wandelnden Erkenntnisprozess ihrer Protagonistin nach, so, als entlarvten sich vom Ende her alle früher registrierten Beobachtungen als Irrtümer.

Gemäß der Fiktion, dass Freia, unterstützt von ihrem Zwillingsbruder Paul, die Erzählerin ist, wird die Aufmerksamkeit auf die unterschiedlichen Gegenwarten der Geschwister gelenkt. Mittels der Retrospektive ergeben sich Deutungen der Familiengeschichte, die am Ende durch die Demenz der Großmutter und das Zusammenbrechen ihrer Selbstzensur, auch durch den Fund der NS-Devotionalien auf dem Dachboden nach Johannas Tod, auf ein Gesamtbild zusteuern (nämlich dass beide Großeltern überzeugte und aktive Parteigenossen waren) und für Freia, die Erzählerin, überzeugend wirken. So überzeugend, dass sich die Frage aufdrängt, warum sie und die anderen Familienmitglieder nicht schon sehr viel früher auf Ungereimtheiten und Lücken in den Darstellungen der Großeltern aufmerksam wurden, woher die Gelassenheit kam, mit der am Familientisch die notorisch wiederkehrenden Anekdoten aus der Kriegszeit hingenommen wurden, warum die Vorstellung so lange weggedrückt werden konnte, dass die immer älter und schwächer werdenden Großeltern, die sich den Enkeln gegenüber stets liebevoll zeigten, die Grausamkeiten des NS-Regimes unterstützt hatten.

Es sind diese wechselnden Gegenwarten, die der Erzählerin wichtig sind, weil sie im Prozess des Erwachsenwerdens und Erkennens nicht einfach verschwinden, abgelöst und nichtig werden. So muss erinnert werden, dass die märchenhaft anmutenden Geschichten darüber, was Krieg ist, wie der Großvater sein Bein verlor oder wie die Großmutter heldenhaft den Verfolgten half, die den Kindern noch beim wiederholten Hören spannend und plausibel erschienen, eine zeitlose Faszination ausstrahlten.

Schließlich verbinden Paul und Freia mit diesen Geschichten die Erinnerung an eine warme, geschützte Kindheit, die auch dann nicht leichtfertig aufgegeben, ja gewissermaßen als kostbare Illusion gepflegt wird, wenn die entwicklungsbedingten Probleme der Pubertät und des Erwachsenwerdens in den Vordergrund drängen.

Zunehmend bemerken die Zwillinge natürlich, mit welchen Strategien die Großeltern eine Tabuzone um bestimmte Ereignisse errichten, obwohl sie so beredt genau davon zu erzählen scheinen, dass die Wiederholung der allen inzwischen sattsam bekannten Geschichten eine Inszenierung ist, von der sanfte Gewalt ausgeht, dass zwischen den Großeltern eine menschliche Kälte herrscht, die auch deshalb so besonders beklemmend ist, weil sie unter verschiedenen Vorzeichen und Masken andernorts wiederkehrt: im Verhältnis der Eltern Peter und Renate, zeitweilig sogar im Verhältnis der Geschwister untereinander. Alle diese Erkenntnisse werden gesucht, weil der Druck des dem Familienwissen Entzogenen immer stärker wird. Alle sind sie aber auf der anderen Seite unbequem, ihrerseits belastend und schwer zu ertragen. Das Buch, das der Leser in Händen hält, ist der Fiktion nach das Buch, das Paul und Freia schreiben, um diese Vergangenheit zu

distanzieren und Freias Tochter Aino ein unbeschwertes Aufwachsen zu ermöglichen: „Pauls und meine Einheit", heißt es am Ende.

> „Wenn schon nie mehr in Wirklichkeit [denn die Geschwister leben
> längst ihr eigenes Leben], dann wenigstens einmal auf der Welt, in
> einem Erinnerungsstück, an einem Ort: Papier, so leicht wie Wolken,
> wie Cirrus Perlucidus, nach dem ich mich ein Leben lang gesehnt habe
> und der unter meinem Kopfkissen spielend Platz finden könnte."[9]

Allerdings ist das Buch mehr als eine Realisation dieses Befreiungswun-
sches. In der Tat lösen die Zwillinge die Rätsel, die sich durch das Verschweigen der großelterlichen Verstrickung in den Nationalsozialismus in
das Familiengedächtnis eingeschlichen haben, und von der Schuld, die Max
und Johanna auf sich geladen haben, können sie sich freisprechen.

In genau diesem Zusammenhang wird aber eine andere Schuld sichtbar,
die unabgegolten bleibt. Das Opfer dieser Verschuldung ist Renate, Vertre-
terin der zweiten Generation. Der Fiktion zufolge ist Renate eine wider-
spenstige, sich allen autoritären Zumutungen entziehende, letztlich indes
ihren Eltern immer unterlegene Tochter. Als Ehefrau betrogen, führt sie ein
nahezu unsichtbares Leben neben ihrem Gatten, und für die Kinder birgt
sie von Anfang an viele Geheimnisse.

Nicht zufällig beginnt der Roman mit einer Szene, in der die schon erwachsene Freia, durch die Fensterscheibe ihres Zugabteils schauend, ihre
Mutter auf dem Bahnhof Hannover entdeckt. Sowohl die Tatsache, dass
beide offenbar denselben Zug genommen haben, ohne voneinander zu wissen, wie der Umstand, dass sich das Fenster nicht öffnen lässt, also weder
Begrüßung noch Erklärung stattfinden können, hat im Buch symbolische
Relevanz. Renate lebt in ihrer Familie wie hinter Glas.

Solange Freia denken kann, versuchte Renate die Kriegserzählungen
ihrer Eltern durch stichhaltige Argumente, die sie aus ihren umfangreichen
(allerdings laienhaften) Geschichtsstudien gewonnen hatte, zu stören oder
gar zu entkräften. Wie besessen sammelte sie Erinnerungsgegenstände,
durchforschte mit größtem Eifer alle Berichte vom Untergang der „Gust-

loff" und von der Flucht aus Ostpreußen, derer sie habhaft werden konnte, und dann und wann reiste sie nach Polen zu Onkel Kasimierz.

Noch als Freia und Paul erfahren, dass die damals fünfjährige Renate ihren Eltern den umkämpften Weg auf das rettende Schiff „Theodor" dadurch erstritt, dass sie die Nachbarsfamilie denunzierte (und damit letztlich deren Tod bewirkte), begreifen sie die Tragik ihrer Mutter nicht. Im Grunde wirkt auch der Selbstmord der Mutter nach dem Tod ihrer Eltern nicht aufrüttelnd genug, um das Glas zwischen ihr und ihren Kindern zerspringen zu lassen.

Auch Paul und Freia, beobachtet der aufmerksame Leser, erzählen nicht alles. Die Art und Weise, wie sie auf Renates Tod reagieren, wirft einen Schatten auf das Befreiungsprojekt. Muss man doch annehmen, dass die Tochter über Jahrzehnte hinweg durch die „Helden"-Geschichte, der zufolge sie ihre Familie rettete, regelrecht gemartert wurde. Ohne dass sie sich hätte konkret erinnern, zustimmen oder Einspruch erheben können (und ohne dass der Leser stichhaltige Beweise dafür erhält, dass sich alles wirklich so abgespielt hat), wurde ihr die Rolle der nationalsozialistischen Denunziantin aufgebürdet, die Schuld am Tod einer anderen Familie trug. Anstatt dass die Eltern die Seele ihres Kindes entlasteten, indem sie eine andere Geschichte erzählten oder betonten, dass ein so junges Kind keine Verantwortung für eine Tat übernehmen müsse, hinter der man vor allem anderen die Indoktrination durch die Eltern anzunehmen habe, übten Johanna und Max Macht über ihre Tochter aus. Dieser Macht konnten sich ebenso die Enkel nicht entziehen, die allzu oft mit dem fröhlichen, wenn auch unzuverlässigen Vater gegen die Mutter paktierten.

Der Text ist so offen formuliert, dass psychologisch geschulte Leser, die mit dem Konzept der transgenerationellen Traumatisierung vertraut sind, in Renate das Opfer der Familiengeschichte erkennen können. Wenn die Großeltern auch keine weithin sichtbaren ‚Täter' auf der politischen Bühne waren, so sind sie doch unsichtbar an ihrem eigenen Kind zu Mördern geworden, und die Distanz, die Paul und Freia zeitlebens gegenüber ihrer Mutter verspüren, zeigt, dass die leise Gewalt der transgenerationellen Delegation von Schuld sogar noch in der dritten Generation spürbar ist.

Eine Verlustgeschichte. Daniel Mendelsohns „The Lost"

In Mendelsohns Roman stehen die Begegnungen zwischen Vertretern der ersten und dritten Generation im Zentrum des Interesses. Der Erzähler entstammt einer ursprünglich im polnisch-ukrainischen Grenzgebiet ansässigen jüdischen Familie, die bereits Anfang des 20. Jahrhunderts in die USA auswanderte. Der Großvater mütterlicherseits, Abraham Jäger, ist für den Jungen die wichtigste Initiationsinstanz in die Familiengeschichte, indem er mit einem unerschöpflichen Reservoir an Liedern, Anekdoten über die einzelnen Familienmitglieder und mit unendlich ineinander verschlungenen Erzählungen über das Leben im polnisch-ukrainischen Bolechow und in den USA aufwartet. Nicht zufällig zeigt das Titelbild des Buches ein Kindergesicht. Zu sehen sind vor allem Augen- und Mundpartie, und der Leser lernt recht bald, dass es sich um ein Kinderbild des Erzählers handelt, von dem alle alten Verwandten behaupteten, er sähe seinem Großonkel Shmiel zum Verwechseln ähnlich.

Dieser Großonkel, der älteste Bruder des Großvaters, wanderte vor 1933 aus den USA wieder nach Bolechow zurück, weil er glaubte, dort beruflich erfolgreicher sein zu können, und in der Tat besaß er in der kleinen Stadt bald ein Fuhrunternehmen, ein eigenes Haus und vier Kinder. Offenbar versuchte Shmiel nach dem Einmarsch der nationalsozialistischen Truppen 1939, seine Familie und sich zu den Verwandten in die USA zu retten. Warum seine verzweifelten Bemühungen erfolglos blieben, wann genau und wie er und die Seinen ums Leben kamen, darüber kann der Großvater keine Auskunft geben, und so wird die Suche nach den „sechs von sechs Millionen" zur Lebensaufgabe seines Enkels.

In seinem Buch erzählt Daniel Mendelsohn, promovierter klassischer Philologe, Journalist und Autor, von dieser Suche, deren Verlauf von 1967 bis 2005 und deren Stationen dem Text ein untergründiges chronologisches Zeitgerüst mitgeben, obwohl sich dieses aber genau wie bei Tanja Dückers nicht auf der achron organisierten Textoberfläche zeigt. Besonders wenn Mendelsohn davon berichtet, dass er zu seinen Interview-Reisen aufbricht und die Überlebenden des Bolechow-Pogroms oder deren Nachkommen befragt, begibt sich der Text mit den Erinnerungen der Zeitzeugen in die Schrecken der Jahre 1942 und 1943 zurück, und das geschieht jedes Mal, wenn die Überlebenden mit Fragen zu ihrer Vergangenheit konfrontiert werden und die Schutzmechanismen, die sie im Verlauf ihres Lebens gegen die Wiederkehr der traumatischen Erfahrungen aufgebaut haben, in sich zusammenfallen.

Die Suche des Erzählers gilt indes nicht nur dem Wissen darüber, wie der Großonkel Shmiel Jäger (1895-1943?), seine Frau Esther Schneelicht (1896-1942) und die Töchter Lorka (1920-1943?), Frydka (1922-1943?), Ruchele (1925-1941) und Bromia (1929?-1942) „gestorben" sind, sondern auch, „wie sie gelebt haben", „wie es war, *dort* [in Bolechow] zu sein, wer [der] Großvater war, nicht sein Beruf, sondern sein *Wesen.*"[10]

Die in die Erzählung eingeflochtenen Informationen aus Video-Interviews mit Überlebenden werden durch Erkenntnisse aus Lektüren, Ergebnisse von Archiv- und Internetrecherchen und vor allem durch jene Erfahrungen, die der Erzähler auf mehrmaligen Reisen in den heute ukrainischen Ort Bolechow gewinnt, vervollständigt, korrigiert und hermeneutisch erschlossen.

Dabei spart der Roman nicht an Hinweisen auf Zufälle, Überraschungen und Enttäuschungen. Zweifellos gehorchen Mendelsohns historische Studien zur Vorbereitung der Reisen und zur Auswertung der Ergebnisse den höchsten Ansprüchen wissenschaftlicher Genauigkeit, alle Interviews sind sorgfältig geplant, die Zeitfenster der Gespräche mit Flugdaten abgeglichen, mit Dolmetschern vor Ort kalkuliert. Und doch stößt der Erzähler immer wieder auf Grenzen der Planbarkeit. Wenn sich zum Beispiel wichtige Informanten gar nicht erinnern oder äußern können, sich hingegen andere Gesprächspartner, von denen er vorher überhaupt nichts wusste und die eher zufällig ins Blickfeld der Reisegruppe geraten, als vorzügliche Berichterstatter entpuppen, dann kann man das als Indiz dafür werten, dass sich der Gegenstand der Recherche aufgrund der Monstrosität, Gewalt und Zerstörungskraft des Holocaust letztendlich nicht fassen lässt: Direkt oder mittelbar sind zu viele davon betroffen, als dass man sich ihre Schicksale vergegenwärtigen und den Punkt fixieren könnte, in dem sie zusammenlaufen.

Auch der Forscher selbst zieht seine Fähigkeiten permanent in Zweifel und ‚diskutiert' gleichsam mit dem Leser die Bedingungen für ein Gelingen der Interviews: Wie lauten die richtigen Fragen? Wie müssen Fragen gestellt werden, damit der Interviewer nicht nur das erfährt, was er als Antwort zu hören wünscht? Wie viel Vorwissen muss der Interviewer jeweils haben, um Fragen gezielt und doch offen formulieren zu können, und ist es prinzipiell statthaft, Vorwissen zu verschweigen?

Nicht selten bemerkt er eine wichtige Spur zu spät, deutet sie nicht richtig oder stellt eine bestimmte Frage nicht, die er irrtümlich für bereits beantwortet hält. Nur weil die mitreisende Freundin Froma beim zweiten Besuch in Bolechow aus einer ihr selber unklaren Gefühlslage heraus darauf drängt, von dem Ukrainer Prokopiv nicht nur zu erfahren, was er über das Aufspüren und Töten der Juden sagen kann, sondern auch, ob er sich erinnere, ob und wo Juden sich versteckt hätten,[11] werden die Reisenden zu jener kleinen zementierten Fläche in einem Hinterhof geführt, auf der Frydka ermordet wurde, und sie können sogar das Kellerverlies, Frydkas letztes Versteck, besichtigen.[12]

Allerdings macht dieser ‚Erfolg' auf eine prinzipielle Problematik des Unternehmens aufmerksam. Denn wenn der Erzähler in besagten Keller hinuntersteigt, dann ist er zwar besessen von der Vorstellung, „hier"[13] zu sein, „dort", wo es sich zugetragen hat – 60 Jahre später steht er indes an einem vollkommen anderen Ort: im Vorratskeller einer zugezogenen, ursprünglich aus Südrussland stammenden Familie (Alkoholiker, der Sohn drogensüchtig), deren vernachlässigte Wohnung partout keine Ähnlichkeiten mit der historischen Einrichtung aufweist.[14] Die älteren ukrainischen Zeugen, die heute in Bolechow wohnen und als Gesprächspartner fungieren, wissen nichts von der früheren polnisch-ukrainisch-jüdischen Symbiose, weil sie selbst niemals Teil davon waren oder Gründe haben, ihren Anteil an deren Vernichtung zu verschweigen. Die anderen sind Nachgeborene und Umsiedler, die sich wenig für alte Geschichten interessieren. Obwohl der Ort, dem die Suche gegolten hat, tatsächlich noch materiell vorhanden ist – man kann ihn ertasten, fotografieren und filmen –, ist er definitiv kein Ort der Erinnerung in dem Sinne, dass ein Augenzeuge ihn als Schauplatz des Ereignisses beglaubigen könnte. Die wirklichen Augenzeugen sind tot, die noch lebenden Ohrenzeugen in die Welt verstreut und durch viele Jahrzehnte vom Ereignis getrennt. Damit sind die Grenzen der geschilderten Bemühungen schonungslos benannt, und das Rechercheprojekt stellt sich eine entsprechend nüchterne Bilanz aus. Während der Roman insgesamt 626 Seiten umfasst, kann der Erzähler die ‚Ergebnisse' der Suche auf knapp zwei Seiten zusammenfassen:

> „Er war taub, sie hatte hübsche Beine, sie war freundlich, er war schlau, ein Mädchen war abgehoben oder womöglich leicht zu haben, eines mochte die Jungen oder spielte vielleicht die Unnahbare. Sie war ein Schmetterling! Er hatte zwei Lastwagen, er brachte die ersten Erdbeeren mit, sie hielt ihr Haus makellos sauber, er war der Größte, sie spielten Karten, die Frauen häkelten, sie war hoch Nase! Sie war eine gute Ehefrau, eine gute Mutter, eine gute Hausfrau: Was kann man sonst schon sagen? Sie nannten ihn den ‚König', sie trug ihre Bücher so, ihre Augen waren blau, hatten aber eine braune Stelle, sie gingen ins Kino, sie gingen Skifahren, sie spielten Volleyball, sie spielten Basketball, sie spielten Pingpong! Er hatte das erste Radio, die Antenne war so hoch, nur zwei Männer in Bolechow hatten ein Auto, und einer davon war er. Sie gingen zur Schul oder auch nicht oder nur an hohen Feiertagen, sie dawneten, sie machten an Neujahr *Zimmes*, sie schlichen sich zu diesem polnischen Metzger und aßen heimlich Würste! Er liebte seine Frau so sehr, au au au au au!
> Es war eine nette Familie, eine prächtige Familie.
> Es war ein Leben, es war ein Leben."[15]

Letztendlich macht Mendelsohn eine bestürzende Erfahrung. Ihm, dem Vertreter der dritten Generation, stehen unendlich viele technische und mediale Möglichkeiten bei seiner Recherche nach den „Verlorenen" zur Verfügung: Flugzeuge, Autos, Dolmetscher, Kameras, Tonbänder, Telefone, Archive, das Internet, und er nutzt sie alle ausgiebig. Ausgegangen ist er von der Vorstellung, mit all diesen Hilfsmitteln das ‚eine' aussagekräftige Zeugnis zu finden, das alle Fragen über das Leben und Sterben des Großonkels und seiner Familie beantworten kann.

Bereits im Roman von Tanja Dückers, dem ein viel schlichteres Szenario zugrunde liegt (das Forschen nach der Wahrheit einer mündlichen Familiengeschichte im Kreis der überschaubaren Schar von Anwesenden), ist indes deutlich geworden, dass die ‚Wahrheit' sich selbst bei günstigeren Ausgangsbedingungen entzieht, dass Teilerkenntnisse über die Vergangenheit gewonnen werden können, aber Schweigezonen und Restgeheimnisse bleiben.

Gerne würde auch der Erzähler von „The Lost" die Vorstellung einer Zeittiefe, zu der die Zeugnisse der Überlebenden einen Zugang für die Reisegruppe schaffen, für eine finalistische Strukturierung seines Buches nutzen, so, als könne das als Ergebnis aller Bemühungen entstandene Buch seine Leser über verschiedene Stationen hinweg mit in eine nun anschaulich gewordene Vergangenheit nehmen. Stattdessen aber wird der Leser dem Sog einer gewaltsamen und zerstörerischen Temporalität ausgesetzt, die vergangenes Leben und Sterben, alle diesbezüglichen Erinnerungen, Geschichten und Bilder wegschwemmt. Die Recherchen des suchenden und reisenden Erzählers finden unter enormem Zeitdruck statt, weil die konkreten Erinnerungsstücke verschwinden, die Räume und Orte sich verändern und die wenigen Zeugen, die es noch gibt, sehr alt und dem Tode nahe sind. „[A]lles geht mit der Zeit verloren", lautet das Credo des Romans,

„[...] das Lächeln und die Enttäuschungen, das Lachen und Entsetzen der sechs Millionen im Holocaust getöteten Juden sind jetzt verloren oder werden bald verloren sein, weil keine Zahl von Büchern, so groß auch immer, sie alle je dokumentieren könnte, selbst wenn sie geschrieben werden sollten, was nicht geschehen wird und kann [...]"[16].

Als Reisender trägt der Erzähler die Dynamik des Verschwindens in den Roman hinein, und letztlich bleibt kein einziges Interview und kein noch so kurzer Zeugenbericht von der Hast des Zugriffs, der fast immer schon zu spät erfolgt, verschont. Allen in den Roman eingefügten Fotos, schwarzweiß die alten wie die neuen, ist eine melancholische Aura eigen, als könnten die Aufnahmen den jederzeit drohenden Verlust nur punktuell und provisorisch aufhalten. Überhaupt: Je umfangreicher und vielfältiger das Material ist, desto aufdringlicher wirkt seine Materialität, entfaltet einen intrikaten Eigensinn und lenkt den Suchenden von seiner Fragestellung ab. Der Roman dokumentiert, dass die Interviews, die Grundlage des Erzählens sind, in unterschiedlichen Sprachen geführt werden. Die Räume, in denen sie stattfinden, sind die aktuellen Wohnungen der Überlebenden des Bolechower Massakers in den USA, in Israel, Australien, Norwegen etc.; sie spiegeln damit nicht nur die geographische Zerstreutheit und Isolierung der im Exilland mehr oder weniger heimisch gewordenen Zeugen, sondern auch deren jeweils sehr unterschiedliche Verarbeitung der spärlichen, oft sekundär und tertiär vermittelten Informationen.

Die Pluralität der Interviews, der Orte und Sprachen ist ein unmittelbarer Indikator für die Zerstreuung des jüdischen Lebens, für traumatische Verluste und Enteignungen als Folge des Holocaust, und diese geographische Zerstreuung hat ein Äquivalent in der nicht minder verstörenden Zeitflucht, als die sich für Überlebende die Aneinanderreihung von Jahrzehnten nach den Pogromen darstellt. Auch Zeit ist zerstörerisch: Sie entfernt vom Ereignis, sie lässt Erinnerungen verblassen, sie macht alt und verwirrt.

Zweifellos hat der Erzähler gegen die Zerstörungskraft der Zeit gekämpft und sich eine ihn faszinierende Nähe zu den „Verlorenen" erworben: „[e]r war taub, sie hatte hübsche Beine, sie war freundlich, er war schlau, ein Mädchen war abgehoben oder womöglich leicht zu haben [...]". Doch ist diese Nähe so fragil, flüchtig, punktuell, dass der Erzähler sie nicht halten, in seinem komplexen Projekt nicht archivieren kann, mehr noch: dass er sie im Prozess des notwendig distanzierenden Schreibens auslöschen muss, um eine Geschichte zu formen. „Und genau in dem Augenblick, in dem ich sie sozusagen am spezifischsten gefunden hatte", heißt es deshalb im „Fünfte[n] Teil", „spürte ich, dass ich sie [die „Verlorenen"] wieder aufgeben, sie selbst sein lassen musste, was immer das gewesen war."[17] Das persönliche Scheitern steht dabei in einem unauflöslichen Zusammenhang mit der jüdischen Geschichte als einer irreparablen Verlustgeschichte.

Allerdings schreibt Mendelsohn seiner Geschichte des großen Verlustes andeutungsweise eine Gegengeschichte ein, und dazu spaltet er die Erzählinstanz auf. Der suchende, reisende, lesende, unentwegt forschende Erzähler ist tatsächlich der Furie des Verschwindens anheimgegeben, muss sich ihrer Macht unterwerfen, den Zufall akzeptieren, der ihn das eine finden und das andere nicht entdecken lässt.

Der schreibende Erzähler, der sich in den ausführlichen Anfangspassagen der Kapitel bemerkbar macht, sieht seine Aufgabe darin, die heterogenen, zum Teil widersprüchlichen und lückenhaften Zeugnisse und all jene Erinnerungsstücke, die nicht für sich selbst sprechen, für den Leser sinnfällig zu arrangieren und zu deuten. Immer wieder streut dieser metareflexive Überlegungen zu seinem Tun ein, und von Anfang an ist klar, dass er, Altphilologe von Profession, das Urmodell des mäandernden, Geschichten in Geschichten einlagernden Erzählens von seinem Bolechower Großvater übernommen hat, obwohl er lange Zeit Homer und Herodot für seine Vorbilder hielt.

Das Einrücken des schreibenden Erzählers in die jüdische Tradentenkette wird zusätzlich dadurch hervorgehoben, dass jedes der fünf großen Kapitel mit der Ausdeutung eines Abschnitts aus der Genesis beginnt. Die alttestamentlichen Themen – „Bereschit oder Anfänge", „Kain und Abel oder Geschwister", „Noah oder Totale Vernichtung" etc. – werden als direkte Interpretationshilfen eingesetzt, um die heterogenen Reise- und Rechercheberichte jeweils in einen religiös-kulturellen Deutungshorizont einzubetten. Im „Kain und Abel"-Kapitel werden beispielsweise die Wissenslücken über Shmiels in Bolechow verbliebene Familie und die fatale, nachträglich nur schwer zu verstehende Verweigerung von Ausreisehilfen auf das schwierige Verhältnis zwischen den sieben Geschwistern der Großvatergeneration zurückgeführt. Der biblische Deutungsrahmen bindet die im Grunde private Geschichte in einen großen historischen Zusammenhang ein und sichert ihr auf diese Weise eine intersubjektive und überzeitliche Geltung. Während alles, was erzählt wird, im Imperfekt steht, weil es vom Schreibzeitpunkt aus vergangen ist, das heißt vom Vergehen bedroht und aufgezehrt wird, schafft das Präsens der Rahmenpassagen eine zarte, kaum sichtbare Verbindung zwischen der Leser-Ansprache („Hören Sie")[18] und den Genesiskommentaren.

Resümee

Die Strukturierung des Erzählens durch das Modell dreier Generationen ist in Tanja Dückers' Roman vermutlich deshalb stärker ausgeprägt, weil das Buch durch die zeitgenössischen deutschen Diskurse über Generation und Gedächtnis informiert ist und sich auf diese Weise in Denkmustern bewegt, die den deutschen Lesern vertraut sind. Außerdem geht es um ein irritierendes, belastendes Wissen, das auf dem Weg des kommunikativen Gedächtnisses über verschiedene Traditionsstufen hinweg transportiert wird und das abgearbeitet, bewältigt und seines Gewichtes beraubt werden muss, um letztlich leicht wie eine Wolke zu werden.

Mendelsohns Roman hingegen fokussiert auf die erste und dritte Generation und zeichnet sie dadurch als am stärksten von der Zerstörungskraft des Holocaust betroffene aus. Die Generation des Großvaters, Leidtragende der Bolechower Pogrome, ist gequält, getötet, vertrieben worden, leidet an Traumata, die Erinnern und Mitteilung erschweren, und nicht zuletzt sind die überlebenden Zeugen zum Zeitpunkt der Recherche gealtert und dem Tode nahe. Die Angehörigen der dritten Generation möchten das ihnen vorenthaltene, positiv bewertete Erbe antreten und kämpfen dafür gegen die zerstörerische Macht der Zeit: Für sie gilt es, der Furie des Verschwindens Fragmente einer für sie wichtigen Geschichte abzutrotzen, zu bewahren und dem kollektiven Gedächtnis der Weltgesellschaft zur Verfügung zu stellen.

YASCHA MOUNK, CAMBRIDGE

EIN JUNGER JUDE AUS LAUPHEIM –
FREMD IM EIGENEN LAND

„Als ich sagte, ich sei Jude, lachten sie." Im Folgenden erzähle ich von meinen merkwürdigen Erfahrungen als deutscher Jude – und verorte sie in einem gesellschaftlichen Kontext.

„Hör auf zu lügen! Jeder weiß, dass es keine Juden mehr gibt." Mit diesem Kommentar eines Klassenkameraden beginnt für mich meine Auseinandersetzung mit dem Jüdischsein. Unter anderem in Laupheim aufgewachsen, musste ich bereits in jungen Jahren von dem verkrampften Verhältnis vieler Deutschen zu Juden erfahren. Ob mir Antisemitismus entgegenschlug oder das Gegenteil, betontes Wohlwollen, der Umgang der meisten Deutschen mit meiner jüdischen Herkunft war einfach kein normaler.

In meinem Aufsatz verankere ich Anekdoten aus meinem Leben im größeren politischen und gesellschaftlichen Kontext und leiste damit einen Beitrag zu den aufgeheizten Diskussionen um „Das hat nichts mehr mit mir zu tun" und „Das wird man doch wohl noch sagen dürfen".

Ich wurde 1982 als Bürger eines friedlichen, zukunftsorientierten Deutschlands geboren. Aufgewachsen bin ich in vielen verschiedenen Orten: in München, Freiburg, Kassel, Maulbronn, Laupheim und Karlsruhe. Deutsch ist die einzige Sprache, die ich akzentfrei spreche – und wird es wohl auch bleiben.

Die jüdische Identität meiner Familie war derweil nicht besonders ausgeprägt. Dass sie Juden sind, hat das Leben meiner Großeltern – und selbst das meiner Eltern – auf tragische Weise geprägt. Aber sie sind weder religiös noch traditionsbewusst. Ich selbst habe nie eine Bar-Mizwa gefeiert, und mir ist auf einem Fußballfeld oder in der Bibliothek bedeutend wohler als in einer Synagoge.

Yascha Mounk, 2015

Der kleine Yascha mit seiner Großmutter, um 1983

Als ich aufwuchs, fühlte ich mich trotzdem mehr und mehr jüdisch – und weniger und weniger deutsch.

Im Juli 1990, als ich gerade acht geworden war, traf Deutschland im WM-Finale auf Argentinien. Nach vierundachtzig langen Minuten brachte Roberto Sensini Rudi Völler zu Fall, der Schiedsrichter zeigte auf den Elfmeterpunkt, und Andreas Brehme schoss das einzige Tor des Spiels. Deutschland war Weltmeister und ich vor Freude vollkommen aufgedreht. Wie wild schwenkte ich ein kleines schwarz-rot-goldenes Fähnchen und schrie: „Deutschland, Deutschland, Deutschland!" in Richtung Fernseher.

Yascha Mounks Familie großväterlicherseits,
wahrscheinlich 1920er-Jahre

Fußballfan Yascha in Laupheim,
Paracelsusweg 4, um 1992

2010 dagegen, als Deutschland im WM-Halbfinale auf Spanien traf, hatte
ich gemischtere Gefühle. Ja, die deutsche Mannschaft war jünger, spiel-
freudiger und sogar multiethnischer als je zuvor. Doch als es hart auf hart
kam, ertappte ich mich dabei, dass ich den Spaniern die Daumen drückte.
Und der wahre Grund, warum ich froh war, als Carles Puyol den Siegtreffer
für Spanien erzielte, war nicht einmal, dass ich die spanische Mannschaft
besonders gern hatte. Der wahre Grund war, dass ich es einfach nicht über
mich brachte, dem deutschen Team die Daumen zu drücken.

   An irgendeinem Punkt in diesen zwei Jahrzehnten — irgendwann zwischen 1990 und 2010, zwischen acht und achtundzwanzig — hatte ich auf-
gehört, das deutsche Team anzufeuern, mich mit Deutschland zu identifizieren oder mich selbst als Deutschen zu sehen.

   Wie konnte das passieren?

   Früher gab es einmal so etwas wie einen deutschen Juden. Dann kam
der Holocaust. Seitdem überschneiden sich die beiden Kategorien kaum
mehr – weder in der Vorstellung von Juden noch in der von Nichtjuden.

   Vor ein paar Jahren verabschiedete sich Charlotte Knobloch, damals
die Vorsitzende des Zentralrats der Juden in Deutschland, nach einem gemeinsamen Mittagessen von einem Freund. „Kommst du heute Abend zum
Empfang der israelischen Botschaft?", fragte sie ihn. „Ja", antwortete er.
„Wir sehen uns dann später bei deinem Botschafter." Ihr Freund hat es natürlich nicht böse gemeint. Aber ein ähnlicher Fehler wäre einem Briten
oder Amerikaner nie unterlaufen. Kein Amerikaner, den ich kenne, würde
auf die Idee kommen, dass Michael Bloomberg, Jon Stewart oder Mark
Zuckerberg Israelis sind.

   Wenn ich meine New Yorker Cousins frage, ob sie sich als Amerikaner
fühlen, verstehen sie die Frage kaum. „Was meinst du?", entgegnen sie,
ehrlich verwirrt. „Ich *bin* Amerikaner."

   Bei vielen Juden, die in Deutschland aufgewachsen sind, ist das auch
heute noch ein wenig komplizierter. Ich selbst sehe „deutsch" aus. Ich
klinge deutsch. Wenn ich mit einem Fremden spreche, geht er selbstver-

ständlich davon aus, dass ich Deutscher bin. Doch sobald ich eine bestimmte Tatsache über mich erwähne – was ich aus genau diesem Grund
eher selten tue –, werde ich zu einem exotischen Außenseiter.

In einem Moment steht es Menschen frei, mich zu mögen oder auch
nicht, mich gut oder schlecht zu behandeln, mir mit Herzlichkeit oder Verachtung zu begegnen. Sobald ich jedoch diese vier Buchstaben ausspreche
– J-U-D-E –, definieren sie mich. Ich bin nicht mehr ein Deutscher, sondern
ein *jüdischer Mitbürger*. Ihre Haltung mir gegenüber wird zu einer politischen Stellungnahme: Haben sie sich kaum mit der Vergangenheit auseinandergesetzt, hegen sie vielleicht Vorurteile gegen Juden. Schämen sie sich
inbrünstig für das dunkelste Kapitel der deutschen Geschichte, dann wollen
sie mir vielleicht beweisen, wie sehr sie Juden lieben. Und haben sie die
Nase voll von all dem Gerede über die Nazis, den Holocaust und Deutschlands besondere Verantwortung, wird es noch komplizierter: Sie versuchen
womöglich, mir zu beweisen, dass sie mich nicht anders behandeln, nur
weil ich ein Jude bin – und behandeln mich gerade dadurch alles andere
als normal.

So verschieden diese Reaktionen sein mögen, so sehr ähneln sie sich
doch in einem Punkt: Letztlich haben sie wenig mit mir zu tun – und viel
mit dem psychohistorischen Drama, das sich im Kopf mancher Leute ab-
spielt, sobald sie hören, dass ich Jude bin.

•

Die politische Führungsriege der frühen Bundesrepublik behandelte 1945
als eine „Stunde Null". Durch die bedingungslose Kapitulation des Dritten
Reichs war die Gegenwart ein für alle Mal von der Vergangenheit losgelöst.
Wie zu Zeiten der biblischen Jubeljahre waren scheinbar alte Schulden,
moralische wie materielle, erlassen worden. Die wenigen, die auf einer
Aufarbeitung der Nazizeit bestanden, wurden oftmals als Nestbeschmutzer
abgetan.

In den ersten Jahren nach dem Krieg war die Wahrnehmung eines radikalen Bruchs zwischen Vergangenheit und Zukunft nur natürlich. Bis vor
Kurzem hatte Deutschland fast ganz Europa beherrscht; nun stand das Land

unter der Besatzung der Alliierten. Bis vor Kurzem erschienen die führenden Köpfe des Dritten Reichs allmächtig; wenige Monate später hatten sie Selbstmord begangen, waren nach Südamerika geflohen oder saßen in Nürnberg auf der Anklagebank. Bis vor Kurzem hatten verzweifelte Menschen aus zahllosen Ländern deutsche Soldaten um ihr Leben angefleht; nun waren diese Soldaten in Lumpen nach Hause zurückgekehrt oder fristeten ihr Dasein in Kriegsgefangenenlagern.

Selbst das Leben der deutschen Frauen und Kinder, die während des Kriegs in der Heimat geblieben waren, hatte sich innerhalb weniger Monate drastisch verändert. Der NS-Führung war es während des Zweiten Weltkriegs lange gelungen, Schlachten auf deutschem Boden zu vermeiden. Auf Kosten der Hungernden überall sonst wurde die Heimatfront mit großzügigen Essensrationen verwöhnt. In den letzten Kriegsjahren allerdings richteten die Luftangriffe der Alliierten in deutschen Städten verheerende Schäden an. Zum ersten Mal mussten sich die Deutschen an ernste Lebensmittelknappheit gewöhnen. Hinzu kamen Millionen Vertriebener, die plötzlich nach einer neuen Heimstatt suchten. Das Gerede von einer Stunde Null war also nicht, wie es später manchmal heißen sollte, völlig aus der Luft gegriffen. Es hatte einen Anker in der Realität.

Doch schon bis 1949 hatte sich die Stunde Null von einer realitätsverhafteten Beschreibung in eine eigennützige Ideologie verwandelt. Sie drückte nicht mehr einen faktischen Wandel aus, sondern rechtfertigte die Haltung der neu gegründeten Bundesrepublik zum Dritten Reich. Die Botschaft war eindeutig: Das neue Deutschland würde kaum Verantwortung für die Taten des alten übernehmen. Und auch die Schlussfolgerung für die Beziehungen zwischen Juden und Nichtjuden war unzweideutig: Bis auf Weiteres würden sie auf einem Fundament oberflächlicher Höflichkeit und tief sitzenden Misstrauens aufbauen.

Als ich selbst in Deutschland aufwuchs, hatte sich das Land bereits zum Besseren gewandelt. Doch wie ich erfahren sollte, als ich im Alter von neun Jahren nach Laupheim zog, hallte das Schweigen über die Nachkriegszeit an einigen Orten sogar in den frühen Neunzigerjahren noch nach.

1991 wurde meine Mutter zur Generalmusikdirektorin am Ulmer Opernhaus ernannt. Wir zogen nach Laupheim. Soweit ich weiß, brachte es Laupheim nach unserer Ankunft auf genau zwei jüdische Einwohner: meine Mutter und mich. Es ist also nicht besonders überraschend, dass die Einstellung vieler Laupheimer eher in die unmittelbare Nachkriegszeit gepasst hätte als in die frühen Neunzigerjahre.

Oder vielleicht sollte ich sagen: Es wäre nicht überraschend gewesen, hätte Laupheim nicht eine ungewöhnlich lange und reiche jüdische Geschichte. Bis heute befindet sich im Stadtzentrum ein wunderschöner jüdischer Friedhof. Mitte des 19. Jahrhunderts war Laupheim sogar die größte jüdische Gemeinde im Königreich Württemberg gewesen. Damals war jeder fünfte Einwohner jüdisch.

Als ich in Laupheim lebte, war nicht nur die jüdische Gemeinde verschwunden. Auch die Erinnerung an sie war größtenteils ausgelöscht.

1993 kündigte der Laden, der die Räumlichkeiten der Einsteins übernommen hatte, eine große Jubiläumsfeier zum 55. Jahrestag an. Bald tat es ihm ein anderes einheimisches Geschäft gleich. In den Folgemonaten stellte sich heraus, dass weitere Geschäfte ein erstaunlich ähnliches Jubiläum zu feiern hatten. Falls dieser Zufall dem einen oder anderen Laupheimer seltsam vorkam, taten sie ihr Bestes, ihre Überraschung zu verbergen.

Schon vor meinem ersten Schultag war mir, wenn auch verschwommen, bewusst gewesen, dass ich Jude bin. Aber wahrscheinlich wusste ich nicht viel mehr darüber, was es bedeutete, ein Jude zu sein, als meine Mitschüler.

Dass ich Jude bin, wusste ich, weil Ala und Leon, meine Mutter und mein Großvater, hin und wieder darüber diskutierten, ob dieser oder jener Prominente vielleicht auch ein Jude sein könnte. Dass ich Jude bin, wusste ich, weil Ala jedes Mal, wenn irgendwo auf der Straße das Wort „Jude" fiel, zusammenzuckte – und gleichzeitig den Hals reckte, um zu hören, was denn da gesagt wurde. Dass ich Jude bin, wusste ich, weil ich Ala – nachdem ich eine Fernsehsendung gesehen hatte, in der Juden vorkamen – fragte, wer denn diese seltsamen Wesen seien, und sie mir sagte: „Das sind wir."

Aber wenn ich auch wusste, dass ich ein Jude bin, so blieb meine jüdische Herkunft für mich doch eine entschieden abstrakte Tatsache. Mein Judesein bedeutete mir nicht mehr als andere abstrakte Tatsachen auch – in welchem Krankenhaus ich geboren wurde, zum Beispiel, oder wie alt ich war, als ich mein erstes Wort sagte. So wie jene anderen Tatsachen keine spürbaren Auswirkungen auf mein Leben hatten, so würde es diese wohl ebenso nicht haben. Dass sie mich von anderen Kindern abgrenzen könnte, war mir jedenfalls noch nicht in den Sinn gekommen – und so glaubte ich auch nicht, sie würde mich irgendwie davon abhalten können, ein „echter" Deutscher zu sein. Das sollte sich im Laufe der nächsten Jahre ändern.

Wenn mich meine Erinnerung nicht trügt, setzte dieser langsame Veränderungsprozess an jenem Tag ein, als ich, meiner selbst noch unsicher, vor einer Klasse voller Fremder aussprach, dass ich ein Jude bin.

„Herzlich willkommen und viel Glück für eure Gymnasiallaufbahn", begrüßte uns der Klassenlehrer am ersten Tag der 5. Klasse. „Bevor wir mit der Mathestunde anfangen, müssen wir ein paar Formalitäten aus dem Weg räumen. Schaun wir mal auf die Klassenliste. Allsbach, Lisa. Katholisch oder evangelisch?"

„Wie bitte?"

„Konzentriert euch, Leute. Ich muss euch in katholischen oder evangelischen Religionsunterricht einteilen. Also, Lisa?"

„Katholisch."

„Gut. Bach, Klaus?"

„Evangelisch."

„Emmerle, Johannes?"

Bald, so merkte ich, würden wir bei „M" ankommen. Und wie mir plötzlich klar wurde, war ich vollkommen unsicher, was ich eigentlich sagen sollte — zum Teil, weil ich Angst hatte, irgendwie anders zu sein, und zum Teil, weil ich nicht religiös bin und deshalb nicht so wirklich wusste, wie die richtige Antwort gelautet hätte.

„Mo... Mo-unk. Ya... Wie spricht man das denn überhaupt aus, Junge?"

„Yascha."

„Sascha?"

„Yascha. Wie Sascha, nur mit Y."

„Okay, Sascha. Katholisch oder evangelisch?"

„Also, ich glaub ich bin irgendwie ... jüdisch?"

Ich hatte alle möglichen Reaktionen erwartet – außer diese. Die Klasse brach in schallendes Gelächter aus.

„Hör auf, Stuss zu erzählen", rief Johannes Emmerle aus der letzten Reihe. „Jeder weiß doch, dass es die Juden nicht mehr gibt!"

Unser Klassenlehrer wies Johannes zurecht. „Melde dich, wenn du was sagen willst. Na schön, Sascha. Wenn die anderen Reli haben, kriegst du eine Freistunde. In der Parallelklasse sind glaub ich ein paar Türken. Ihr könnt euch dann Gesellschaft leisten."

An die Klasse gewandt, fügte er hinzu: „Und, Johannes, das stimmt nicht, was du da sagst. Ein paar Juden gibt es mittlerweile. Wieder."

Einige Sekunden lang war ich einfach nur verwirrt. Wie jeder, der andere ungewollt zum Lachen bringt, versuchte ich zu verstehen, was da passiert war. Lachten die mich aus, weil ich Jude bin? Und wenn ja, was ist so komisch daran, ein Jude zu sein? Oder lachten die mit mir, weil ich mich irgendwie über Juden lustig gemacht hatte? Und wenn ja, warum ist es so lustig, wenn jemand tut, als wäre er Jude?

Doch dann verstummte das Lachen, und ich verstand langsam die Situation. Meine Mitschüler begriffen, dass ich gar keinen Witz erzählt hatte: Nein, anscheinend war ich tatsächlich ein Jude. Unser Klassenlehrer begriff, dass er wirklich ein seltenes Exemplar jener bedrohten, schwer zu handhabenden Gattung am Hals hatte. Und ich für meinen Teil begann zu ahnen, dass die Tatsache, ein Jude zu sein, wohl doch keine bedeutungslose Abstraktion ist.

Es war nicht so, als wären meine Mitschüler mir gegenüber plötzlich feindselig geworden. Sie warfen mir auch keine antisemitischen Beleidigungen an den Kopf. Stattdessen sahen sie mich fortan schlicht als einen Exoten – als jemanden, der zwar nicht schlecht oder böse war, aber eben bestimmt nicht so wie die anderen. Wenn man meine Klassenkameraden an meinem zweiten, zehnten oder auch fünfhundertsten Tag gefragt hätte, ob ich Deutscher sei, hätten sie in aller Unschuld geantwortet: „Yascha? Nein, der ist kein Deutscher. Der ist Jude."

Als ich begriff, was für Auswirkungen diese Tatsache auf alle um mich herum hatte, begann sich mein Selbstverständnis zu ändern. Zuvor hatte ich zwar gewusst, dass ich irgendwie jüdisch bin – hatte mich selbst aber nicht wirklich als Jude identifiziert. Jetzt begann ich, diese Identität auf sehr viel bewusstere Weise zu verinnerlichen. Wenn ich kein Deutscher sein konnte, dachte ich mir, dann musste ich halt ein Jude sein.

Meine zögerliche Annäherung an meine jüdische Identität wich ein halbes Jahr später einem trotzigen Stolz. An einem wunderschönen Frühlingstag dirigierte Ala an der Ulmer Oper „Figaros Hochzeit". Ich bin zwar nicht gerade musikalisch, war als liebender Sohn aber trotzdem von der Vollkommenheit der Darbietung überzeugt. Als der letzte Vorhang fiel, verließ ich den Zuschauerraum durch eine kleine Seitentür, rannte die Treppe bis in den dritten Stock hoch und hopste den langen Flur zu Alas Garderobe entlang, um ihr zu gratulieren. Als ich sie endlich sah, blieb ich wie angewurzelt stehen.

„Ich bin deutscher Sänger auf deutschem Boden!", schrie Bernd Kastaffer. Selbst ich merkte, dass er vollkommen blau war. Eine Gruppe von Schaulustigen hatte sich bereits versammelt.

„Vielleicht sollten wir das lieber morgen besprechen", sagte Ala. Ihre Stimme klang fest, doch sie sah ein wenig ängstlich aus. „Aber eins will ich Ihnen sagen: Wenn Sie jemals wieder so betrunken zur Vorstellung kommen, wird das Konsequenzen haben."

Entsetzt schaute ich zu, wie Kastaffer auf sie zutaumelte. Seine Opernstimme hallte den Flur auf und ab. „Sie sind Jude. Ich bin Deutscher. Sie haben mir gar nichts zu sagen."

Während Kastaffer nach einem angemessen eindrucksvollen Abgang suchte, entstand eine kleine, peinliche Pause. „Ein *deutscher* Sänger. Auf *deutschem* Boden", brüllte er schlussendlich. „Hau doch ab nach Israel, wo du hingehörst!" Von seinem Abschluss befriedigt, machte Kastaffer sich mit dem melodramatischen Gestus einer mittelbegabten Rampensau auf die Suche nach seiner Garderobe.

Ich war von diesem Vorfall ein wenig erschüttert, tat jedoch mein Bestes, ihn zu vergessen: Bernd Kastaffer, so sagte ich mir, ist halt ein Alkoholiker, der wirres Zeug redet.

Aber dann, ein oder zwei Monate später, kam ich früher als sonst aus der Schule. Ala saß in der Küche und las einen Brief. Ihr Gesicht war so weiß wie das Papier, das sie in der Hand hielt. Als sich unsere Blicke trafen, legte sie den Brief sofort weg – und weigerte sich standhaft, meine Fragen zu beantworten.

An jenem Abend, als Ala schon im Bett lag, suchte ich im ganzen Haus nach dem Brief. Schließlich fand ich ihn in einer verschlossenen Schreibtischschublade. „Deutsche Stellen sind für Deutsche", hieß es darin. „Geh lieber zurück nach Israel – oder *wir* kümmern uns um das Problem." Darunter fand ich weitere Briefe, alte Briefe, einige noch wesentlich aggressiver.

Meine erste Reaktion war Angst. Wer hatte diese Briefe geschrieben? Würden diese Leute Ala etwas antun? Sollten wir nicht besser umziehen? Oder uns verstecken?

Doch als ich über Bernd Kastaffer und die anderen anonymen Briefe nachdachte, nahm meine Angst ab und mein Trotz zu. Das Gefühl der Gefahr trat in den Hintergrund und meine Empörung über die Ungerechtigkeit wuchs. Wenn wir nichts Falsches getan hatten, so dachte ich mir, dann sollten wir auch nicht in Angst leben müssen. Und schon gar nicht sollten wir unsere Identität verstecken – oder verschweigen, dass wir Juden sind.

Von jetzt an, beschloss ich, würde ich freimütig bekennen, dass ich Jude bin. Mich selbst einen Juden zu nennen – offen und ehrlich über die Tatsache zu sprechen, die meine Mitschüler für so geheimnisvoll hielten und die einige Fremde anscheinend so verachtenswert fanden –, kam mir jetzt mutig vor. Wenn ich dazu verdammt war, ein Außenseiter zu sein, würde ich das Zeichen meiner Andersartigkeit mit Stolz tragen.

●

In Laupheim habe ich nie so ganz dazugehört. Aber dafür gab es, wie ich dachte, einfache Gründe. Der Ort war klein und provinziell. Es gab nur wenige Migranten und keine Juden. Mit der eigenen Vergangenheit hatte sich Laupheim noch kaum auseinandergesetzt.

Deshalb hatte ich stets eine Hoffnung: Wenn ich eines Tages in eine größere, kosmopolitischere Stadt ziehen könnte, würde auch ich dazugehören. Und so war der Tag gegen Ende der 6. Klasse, als Ala mir sagte, dass wir in ein paar Monaten nach München ziehen würden, einer der glücklichsten meiner Kindheit. Ich war mir sicher, endlich ein richtiger Deutscher sein zu können.

Es kam anders als gedacht. Ja, München gefiel mir viel besser als Laupheim. Die Stadt war bunter und weltoffener. Es gab eine recht große jüdische Gemeinde, ich trat einem jüdischen Jugendklub bei und fuhr sogar durch die halbe Stadt, um in einem anderen Gymnasium an jüdischem Religionsunterricht teilzunehmen. Auch mit meinen Klassenkameraden verstand ich mich viel besser. Nach meinen unglücklichen Jahren in Laupheim genoss ich mein Leben in München von Herzen — und noch heute habe ich eine tiefe Zuneigung zu der einzigen Stadt, die für mich als Jugendlicher so etwas wie eine Heimat war.

Und doch: Als echter Deutscher habe ich mich in München noch weniger gefühlt als in Laupheim. Mit der Art von Unwissenheit oder gar Feindseligkeit, die ich aus Laupheim kannte, hatte das nichts zu tun.

Die meisten Leute, denen ich in München begegnete, waren nicht nur nicht antisemitisch; sie waren geradezu darauf erpicht, mir zu zeigen, dass sie keine Antisemiten seien – und behandelten mich deshalb mit der ausgesuchten Freundlichkeit, die ansonsten Todkranken und Geistesgestörten vorbehalten ist. Sie meinten es gut mit mir. Aber aufgrund ihres unendlichen Mitleids und ihrer demonstrativen Güte hatten wir letztlich alle das Gefühl, nichts gemeinsam zu haben.

Zu diesem zuvorkommenden Philosemitismus gehörte obendrein die stetige Angst vor dem Fauxpas. Es ist diese Angst, die auch heute noch viele Gespräche zwischen Juden und Nichtjuden in eine politisch korrekte Komödie der Irrungen verwandelt. Ein Freund, der fälschlicherweise davon ausging, dass ich zu Hause Hebräisch spreche, hielt eine lange Lobrede auf diese ach so schöne Sprache. Eine Freundin vertraute mir in angemessen verschwörerischem Tonfall an, dass ihre „Familienleute" auch „ein Siebtel" jüdisch seien. Und ein Bekannter fragte mich gar mit bedeutungsschwangerer Einfühlsamkeit, ob ich das Wort „Jude" als antisemitisch empfände.

Bis in die frühen Neunzigerjahre kam auf tausend Deutsche ungefähr ein halber Jude. Als ich in Laupheim und München lebte, hatten die meisten Deutschen also noch nie in ihrem Leben mit einem Juden einen Kaffee getrunken oder gar eine echte Freundschaft geschlossen. Wie sie Juden be-

Yascha Mounk, 2012

handelten, als sie ihnen doch einmal im richtigen Leben begegneten, hatte wenig mit persönlichen Erfahrungen und viel mit abstrakten Vorstellungen zu tun – und diese abstrakten Vorstellungen waren wiederum unweigerlich von ihrer Wahrnehmung der deutschen Vergangenheit beeinflusst.

Jene Deutsche, die sich der Realität des Dritten Reichs nie gestellt haben, hatten also oft Vorurteile gegenüber Juden. Das war es, was Leon und Ala das Leben in Deutschland anfangs so schwer machte – und was auch ich in meinen Laupheimer Jahren zum Teil noch erlebte.

Im Gegensatz dazu sind Deutsche, die ehrlich über die Vergangenheit entsetzt sind, bei den seltenen Begegnungen mit einem Juden oft peinlich berührt. Als sich Deutschlands Haltung gegenüber der Vergangenheit in den späten Sechziger-, den Siebziger- und den frühen Achtzigerjahren radikal änderte, veränderte sich also auch der Umgang zwischen Juden und Nichtjuden.

Von einer plötzlichen Scham über die Vergangenheit motiviert, empfanden mehr und mehr Deutsche eine plötzliche Liebe für die Juden. Um auszudrücken, wie sehr sie die Verbrechen des Dritten Reichs verurteilten, überschütteten sie jeden Juden, den zu treffen sie das Glück hatten, mit demonstrativer Freundlichkeit und überzogener Aufmerksamkeit. Wie viele andere deutsche Juden geriet auch ich recht oft zum Objekt ihres ostentativen Wohlwollens.

Ein paar Jahre nach unserem Abi, zum Beispiel, gab ein alter Schulfreund von mir eine Party. Als ich ankam, war Franz mitten in einer hitzigen Debatte mit einem hübschen, mir unbekannten blonden Mädchen. Ich ging zu ihnen, überreichte Franz eine Flasche Chianti, und er stellte uns vor. „Worüber redet ihr denn so aufgeregt?"

„Woody Allen", antwortete das Mädchen, Marie, empört. „Franz findet Woody schmierig und seine Filme mittelmäßig. Das ist doch nicht zu fassen, oder?"

Franz lief rot an. „Dass er schmierig oder mittelmäßig ist, hab ich nie gesagt."

„Was? Vor fünf Sekunden hast du gesagt, dass er schmierig ist, weil er seine Stieftochter geheiratet hat. Und dass seine Filme nicht so seriös sind wie die von Almo …"

„Na ja", sagte Franz ausweichend und warf mir einen nervösen Blick zu, „so hab ich das ja gar nicht gemeint. Klar, ein bisschen komisch ist es schon, dass er seine Stieftochter geheiratet hat. Aber na gut, sie sind beide erwachsen ... und es ist ja nicht illegal ... Also ..."

„Warum bist du plötzlich so komisch?", fragte Marie.

„Ich bin überhaupt nicht komisch. Es ist nur ... wichtig, beide Seiten zu sehen. Du klingst so, als hätte ich was gegen Woody Allen. Hab ich aber nicht. Er ist ein sympathischer Typ. Wie du schon gesagt hast: Sein Judenhumor ist bewundernswert."

Jetzt war auch Marie ganz aufgebracht. „Gerade bist du noch total über Woody Allen hergezogen. Dann kommt Yascha hier an, und plötzlich bist du sein größter Fan." Ihre Lippen zu einem spöttischen Lächeln verzogen, wandte sie sich an mich. „Du musst wohl der Grund für seine plötzliche Verwandlung sein. Also, sag an. Was soll das alles? Schreibst du eine Arbeit über Woody Allen? Bist du mit ihm verwandt?"

Ich lachte. „Keine Sorge. Bei dem Thema hab ich ganz bestimmt kein Eisen im Feuer."

Franz warf Marie einen beschwörenden Blick zu. Dann murmelte er: „Na ja, genau genommen ist Yascha schon irgendwie mit Woody Allen ..." Hilflos brach er ab.

„Was?", fragte Marie skeptisch. „Du bist echt mit Woody Allen verwandt?"

Franz starrte Marie an, Marie starrte mich an, und ich hielt Ausschau nach einem dringend benötigten Bier.

„Nein, gar nicht", sagte ich schließlich. „Franz will einfach nur sagen, dass ich jüdisch bin."

Marie schnappte nach Luft. „Echt, du bist Jude? Wie aufregend!"

Franz machte sich derweil daran, mir haarklein zu erklären, warum „Harry außer sich" ein großartiger Film sei.

Bis ich zwölf war, hatte Deutschlands neu entdeckte Liebe für die Juden kaum einen Einfluss auf mich. In Laupheim, wo ich zum ersten Mal darüber nachdachte, was es bedeutet, ein Jude zu sein, herrschten ältere Einstellungen vor. Wie meine Klassenkameraden wussten die meisten Leute nicht viel über Juden – oder taten zumindest so, als ob sie nicht viel wüssten. Auf die relativ feindselige Umgebung reagierte ich mit Trotz. Zu sagen, dass ich gerne jüdisch war, ist vielleicht eine Übertreibung. Aber schämen wollte ich mich dafür auch nicht. Wenn die Tatsache, dass ich jüdische Vorfahren habe, mich als fremd oder gar minderwertig brandmarkte, war ich umso fester entschlossen, mich einen Juden zu nennen.

Mit meinem Umzug nach München hätte sich das alles ändern sollen. In einer Stadt, die mir als Zwölfjährigem riesig und ungemein kosmopolitisch vorkam, würde ich nicht mehr so auffallen wie im provinziellen Laupheim. Endlich würde ich sowohl ein Jude als auch ein Deutscher sein können.

Wie sich bald herausstellte, hatte ich mich zu früh gefreut. Die Hindernisse, die mir in München im Weg standen, unterschieden sich von denjenigen, die ich aus Laupheim gewohnt war: statt Unwissenheit ein allzu schmerzliches Bewusstsein für die Vergangenheit, statt Feindseligkeit eine übermäßige Beflissenheit, statt unwissendem Antisemitismus eine wohlmeinende Form von Philosemitismus. Sympathischere Hindernisse, das ja – aber nicht unbedingt kleinere.

Stück für Stück, ohne dass ich mir dessen zunächst bewusst gewesen wäre, führte dies in mir zu einer seltsamen Veränderung. In Laupheim hatte ich mich aufgrund der allgemeinen Unwissenheit lautstark als Juden identifiziert. In München erwähnte ich meine Abstammung hingegen immer seltener. Die gekünstelte Freundlichkeit, die so viele aufsetzten, sobald sie mich als Juden erkannten, wollte ich niemandem zumuten – nicht mir selbst, und auch nicht den wohlmeinenden Leuten, denen ich über den Weg lief.

Meine jüdische Herkunft zu verschweigen, war recht einfach. Wenn ich wollte, konnte ich leicht als Nichtjude durchgehen. Nach außen hin half mir dieses selbst auferlegte Schweigen, mich einzufügen. Innerlich allerdings entfremdete es mich immer mehr von dem Land, das doch eigentlich das meine hätte sein sollen.

Solange ich mit negativen Reaktionen gerechnet hatte, lag etwas Nobles darin, freiherzig zu erwähnen, dass ich Jude bin. Aber meine Herkunft zu verschweigen, weil ich peinlich berührte Stille und gestelzte Komplimente vermeiden wollte, fühlte sich gar nicht nobel an. Ich kam mir immer mehr wie ein Betrüger vor: In dem Versuch, mich anzupassen, gab ich mich als jemanden aus, der ich nun einmal nicht war.

Bis ich nach München zog, hatte ich keinen besonderen Wert darauf gelegt, Deutscher zu sein. Aber ich hatte auch nie daran gezweifelt, dass ich dies war. Meine Begegnungen mit „aufgeklärten" Philosemiten untergruben diese Sicherheit. Langsam dämmerte es mir, dass diese mich trotz – oder vielleicht gerade aufgrund – ihrer Fixierung auf die Vergangenheit in erster Linie als Juden und erst in zweiter Linie als Deutschen sahen.

Und so wurde mir mit jedem Tag bewusster, dass ich ein Jude bin – wenn auch einer, der es vorzog, seine wahre Identität geheim zu halten. Gleichzeitig wuchsen mit jedem Tag meine Zweifel, ob ich je zu einem echten Deutschen werden würde.

●

Jede Generation sieht in der Geschichte, was sie in ihr sucht. Als viele Deutsche endlich die Notwendigkeit für eine ernste, kontinuierliche Auseinandersetzung mit der Vergangenheit einsahen, waren andere schon dabei, den neuen Konsens zu demontieren. Je mehr ihre Landsleute über die dunkelsten Kapitel der deutschen Vergangenheit sprachen und je mehr der Philosemitismus in Mode kam, desto mehr lehnten sie sich auf gegen die Vorstellung, dass sie sich für Deutschlands Vergangenheit irgendwie schämen sollten.

Ihre Ressentiments fielen selten so brutal aus wie Daniels Versuch, eine Szene aus dem Konzentrationslager an einer Münchner Straßenbahnhaltestelle nachzuspielen. Und doch nahm sich mein Klassenkamerad auf seine plumpe Weise jene feinsinnigen Intellektuellen wie Ernst Nolte zum Vorbild, die behaupteten, es sei an der Zeit, Deutschlands Verhältnis zu seiner Vergangenheit zu verändern. Auch sie sind davon überzeugt, dass Juden schon zu lange eine Sonderbehandlung bekommen. Und auch sie finden, dass wir endlich einen „Schlussstrich" unter Deutschlands Beschäftigung mit dem Dritten Reich ziehen sollten.

Laut der gängigen Lesart schaffte Deutschland es im Sommer 2006 endlich, diesen Schlussstrich zu ziehen und seine Komplexe über die eigene

Vergangenheit abzuschütteln. Während der WM im eigenen Land war Schwarz-Rot-Gold plötzlich überall zu sehen, auf Fan-Fahnen und in Fan-Gesichtern. Die langjährige Hemmung, Patriotismus öffentlich zur Schau zu stellen, verflog im Laufe des „Sommermärchens" ein für allemal. Während der WM berichteten die Zeitungen über kaum etwas anderes. Der deutsche Nationalismus war wieder da – in einer freundlicheren, weltoffeneren Form als selbst die größten Optimisten hätten hoffen können. Deutschland war endlich eine „normale" Nation.

Dieses Bild ist verlockend. Aus jüdischer Perspektive verspricht es, die unsichtbare Mauer zu überwinden, die der Philosemitismus zwischen Juden und Nichtjuden errichtet hat. Aus deutscher Perspektive ermöglicht es, Juden als Individuen – und nicht etwa als Verkörperung einer ewigen historischen Schuld – zu behandeln. Juden wie Nichtjuden würden gerne eine normale, weniger neurotische Beziehung zueinander aufbauen.

Doch leider ist die Realität noch immer ein wenig komplizierter.

Bis zu einem gewissen Grad hat Deutschland wirklich seine Komplexe abgelegt. So ist die neu entdeckte Bereitschaft, Deutschlandfahnen zu hissen, völlig harmlos. Aber in den meisten „normalen" Ländern betonen die Zeitungen nicht gebetsmühlenartig, wie unglaublich normal das Land sei. Und so wie das Selbstverständnis eines Landes nicht wirklich normal sein kann, wenn die Zeitungen diese Normalität immer wieder betonen, sezieren und verteidigen, reicht ein reiner Willensakt auch nicht aus, um die Beziehung zwischen Juden und Nichtjuden von langjährigen Neurosen zu befreien.

Deshalb habe ich persönlich zwar alle Sympathie der Welt für junge Leute, die den zum Teil etwas hysterischen Philosemitismus ihrer Eltern hinter sich lassen wollen. Besonders ihr erklärter Wunsch, Juden so zu behandeln wie alle anderen auch, ist genau richtig. Trotz all ihrer guten Absichten fürchte ich dennoch, dass der Ruf nach einem Schlussstrich zumeist kontraproduktiv ist.

Mir wäre nichts lieber, als so behandelt zu werden wie andere Deutsche auch. Aber viele Leute in meinem Alter sind viel zu sehr darauf erpicht, zu beweisen, dass sie mich ganz normal behandeln. Im Endeffekt behandeln sie mich gerade deshalb auf eine umso seltsamere Art und Weise.

Eines schönen Samstagmorgens war ich mit einer großen Gruppe von Freunden und Bekannten auf dem Oktoberfest. Wir waren früh aufgestanden, um einen Tisch in einem der Zelte zu ergattern und saßen nun gut gelaunt vor einer frisch servierten Maß Bier.

„Wie kriegt man zweihundert Juden in einen Kleinwagen?", fragte Stephanie, eine zierliche Frau Ende dreißig.

„Stephanie", antwortete einer meiner Freunde. „Wir hamm noch nicht mal angestoßen. Ich schlag vor, wir trinken einen auf ..."

Wie auf Kommando nahm die Blaskapelle ihren Dienst auf: „Ein Prosit! Ein Prosit! Der Gemüt-lich-keit!" Wir hielten unsere Biergläser hoch, stießen an, setzten die Gläser noch einmal ab, und tranken endlich einen großen Schluck. Ein zufriedener Seufzer entkam meinen Lippen.

„So, jetzt ratet mal", sagte Stephanie. „Wie kriegt man zweihundert Juden in einen VW-Käfer?"

„Komm schon, hör auf damit", sagte Hans, ein großer, etwas bäuerlicher Bekannter von mir.

„Aufhören – warum das denn?", schoss Stephanie zurück. Ihre Heiterkeit wich langsam der Wut. „Weil du mir sagst, ich soll den Mund halten? Weil die mir sagen, ich soll den Mund halten? Das ist doch nur ein Witz."

„Ja, aber kein sehr lustiger", meinte Hans.

„Nicht lustig? Sei nicht so verkrampft! Warum kann ein Witz über die Juden nicht lustig sein? Es ist 2006. Der Holocaust ist 60 Jahre her. Natürlich können wir wieder Witze über die Juden machen!"

„Du weißt genauso gut wie ich", sagte Hans, „dass wir Deutschen eine besondere Verantwortung haben, Juden gegenüber ..."

„Eine besondere Verantwortung? Ich bin noch nicht mal vierzig! Nein, nein. Ich lasse mir nicht länger den Mund verbieten. Ich sag dir, wie man sie reinkriegt. Du vergast sie. Du verbrennst sie. Du stopfst sie in den Aschenbecher. So machst du das."

Stephanies Witz war antisemitisch. Aber obwohl ihre Geschmacklosigkeit und ihr provokantes Verhalten mich abstießen, erkannte ich, dass sie selbst keine Antisemitin war, jedenfalls nicht im konventionellen Sinne. Stephanie hasste nicht die Juden an sich. Sie hasste vielmehr, was Juden und die Vergangenheit für sie bedeuten sollen – und regte sich deshalb über die „Tyrannei der politischen Korrektheit" auf. Niemand, so wollte sie beweisen, werde ihr vorschreiben, über wen und was sie Witze machen darf. Ich habe für Stephanie mehr Sympathie als man vielleicht denken würde. Ein besonderer Freund der politischen Korrektheit bin ich nicht. Denn oft versteckt sich dahinter nicht viel mehr als der Versuch, wirkliche gesellschaftliche Missstände durch immer neue Etiketten zu kaschieren. Wer gestern ein Gastarbeiter war, ist heute ein „Mitbürger mit Migrationshintergrund" – und wird morgen noch einmal anders genannt werden. Solange viele Deutsche aber jeden, der Ali heißt, instinktiv als nicht wirklich deutsch betrachten, zeigt dieser Etikettenwechsel kaum Wirkung. (Ein noch abstruseres Beispiel erzählte mir vor ein paar Tagen eine Bekannte. In meiner Grundschule spielten wir noch „Wer hat Angst vorm schwarzen Mann?" In der Schule ihrer Tochter heißt es stattdessen: „Wer hat Angst vorm *farbigen* Mann?")

So ähnlich sieht es auch mit den Juden aus. Der Regisseur und Theater-Intendant Peter Zadek hatte durchaus recht mit seiner These, solange die Deutschen sich nicht trauen, mit antisemitischen Klischees zu spielen, hätten sie sich mit ihrem eigenen Antisemitismus noch nicht wirklich auseinandergesetzt. Die dauernde Angst vor einem verbalen Fehltritt bringt keinem etwas. Und wenn jemand sich mal verplappert, dann mag dies für den Zustand der deutsch-jüdischen Beziehungen zwar aufschlussreich sein – und sagt doch herzlich wenig darüber aus, ob er ein anständiger Mensch ist.

Insofern ist es auch kein Zufall, dass einer meiner engsten deutschen Freunde die übelsten antisemitischen Witze reißt. Schreibe ich einen Artikel in einer bekannten Zeitung, witzelt David über die jüdische Weltverschwörung. Will ich lieber in ein weniger teures Restaurant gehen, macht er Witze über jüdischen Geiz. Und wenn mir ein Mädel einen Korb gibt, dann liegt es natürlich an meiner großen jüdischen Nase.

Ganz so heftig wie Stephanies Witz mögen diese Kalauer nicht sein – aber darin liegt nicht der wirkliche Unterschied zwischen ihr und David. Der wirkliche Unterschied liegt vielmehr in ihrer verbissenen und seiner lockeren Art, in ihrem Ressentiment und seiner Ironie.

Als Stephanie den Witz über den VW-Käfer erzählte, setzte sie sich als Opfer und Held zugleich in Szene: Die dort haben uns schon zu lange rum-

kommandiert, und ich – ICH – trauc mich nun endlich, gegen sie zu rebellieren. Wenn David dagegen blöde antisemitische Witze erzählt, weiht er
uns beide in eine kleine, private Verschwörung ein: Wir beide wissen, wie
absurd diese Klischees sind und kennen einander gut genug, um darüber
lachen zu können. Derselbe Witz würde deshalb bei ihm befreiend, bei ihr
jedoch entfremdend wirken.

Die oft diskutierte Frage, ob Deutsche über den Holocaust lachen dürfen, ist deshalb wenig hilfreich. Klar dürfen sie das. Aber über den Holocaust zu lachen ohne dabei, wie Stephanie, aggressiv zu wirken, geht eben
nur, wenn man die dafür notwendige Lockerheit mitbringt. Und diese Lockerheit fällt genau dann am schwersten, wenn man den Witz nicht erzählt,
um einen Freund zum Lachen zu bringen – sondern um sich gegen angeb-
liche Zensur aufzulehnen.

Gerade deshalb ist die Insistenz auf der neuen Normalität oft so kontraproduktiv. Kommt diese Normalität von selbst zustande, ist an ihr nichts
auszusetzen – im Gegenteil. Aber wird sie lautstark als Lohn für Deutschlands gelungene Vergangenheitsbewältigung eingefordert, macht sie jede
Chance auf eben jene Normalität, die sie für sich reklamiert, zunichte.

Die Zukunft lässt sich nicht vorhersagen. Es gibt gute Gründe, zu hoffen, dass Deutschland auf dem langsamen Weg zu einer unbefangenen Normalität ist. Das wäre wunderbar.

Allerdings sind wir noch nicht so weit. Im Moment wird die Normalität
des Landes noch zu demonstrativ zur Schau gestellt. Sie entstammt nicht
einer gelebten Realität, sondern einem abstrakten Wunsch – und ist deshalb
allzeit bereit, sich etwaigen Zweiflern und Nörglern gegenüber zu „beweisen". Statt die Beziehung zwischen Juden und Nichtjuden zu entkrampfen,
hat die neue Stimmung dem Umgang zwischen Juden und Nichtjuden lediglich eine weitere Schicht Unbehagen hinzugefügt. Die Befürworter eines
Schlussstrichs mögen voller guter Absichten gewesen sein – jedoch die
Folgen ihrer Forderungen sind enttäuschend.

In Laupheim hatte ich es noch als meine Aufgabe angesehen, aus meinem Judesein keinen Hehl zu machen – und bereitete mich stolz darauf vor,
etwaiger Ignoranz oder Feindseligkeit umso tapferer zu begegnen. Das son-
derte mich von „normalen" Kindern ab. Doch ich war mir sicher, eines

Tages, wenn ich in eine größere, weltoffenere Stadt umziehen würde, ein richtiger Deutscher sein zu können.

Als ich im Alter von zwölf Jahren nach München zog, tat ich mich mit dem Philosemitismus, der mir plötzlich begegnete, schwer. Ich habe nie darum gebeten, anders behandelt zu werden. Trotzdem: Sobald sich herausstellte, dass ich Jude bin, kam mir aufgrund dieser simplen Tatsache eine Sonderbehandlung zu. Mir wurde klar: Als Deutscher werde ich nie ganz gesehen werden. Trotz meiner Enttäuschung konnte ich mir dennoch vorstellen, weiter in Deutschland zu leben: Schließlich schienen die Gründe für mein Exotendasein gut gemeint, unbewusst, gar tragikomisch.

Erst jetzt, als ich Leute wie Stephanie traf, kam mir der Gedanke, dass mein Judesein mich nicht nur zum Außenseiter machte – sondern auch ein Grund sein könnte, Deutschland zu verlassen.

An nervösen Philosemitismus, ja selbst an ignoranten Antisemitismus, hätte ich mich gewöhnen können. Aber wenn meine bloße Anwesenheit Leute auf die Idee bringt, dass ich ihnen Schuldgefühle einflößen will – und wenn sie das dann zum Anlass nehmen, gegen diese Schuldgefühle zu rebellieren, indem sie mir gegenüber aggressiv auftreten –, dann wollte ich mich dieser Situation nicht immer und immer wieder aussetzen.

Ich will die Auswirkungen, die der Schlussstrich auf mein Leben hatte, nicht übertreiben. Es gab viele Gründe, warum ich in England und später in den Vereinigten Staaten studiert habe. Ich wollte mehr von der Welt sehen. Ich hatte das Glück, Studienplätze und später einen Job an wunderbaren Unis angeboten zu bekommen. Kurz, vielleicht hätte es mich auch dann ins Ausland verschlagen, wenn ich nicht jüdisch wäre. Und doch: Meine Vorstellung davon, was es bedeuten würde, als Jude weiter hier zu leben, war ein wesentlicher Grund, warum ich Deutschland schließlich verließ.

•

Nach meinem College-Abschluss in Cambridge verbrachte ich einige Zeit in München, Paris und London; doch schließlich zog es mich in die USA. Während einem Jahr als Austauschstudent an der Columbia University verliebte ich mich in New York. Obwohl ich schließlich beschloss, in Harvard einen Doktor in Politikwissenschaft zu machen, verbringe ich seither einen großen Teil jedes Jahres in der Stadt.

Wenn ich Amerikanern gegenüber erwähne, dass meine Familie jüdisch ist, zucken sie mit den Schultern und führen das Gespräch unverkrampft weiter. Ich kann mich an keinen einzigen Fall erinnern, in dem ich in den USA den Eindruck gehabt hätte, dass diese Tatsache – eine Tatsache, die für mich in Deutschland mit solch tiefer Bedeutung überfrachtet gewesen war – den Umgang mit mir verändert hätte.

In der Stadt, die ich mittlerweile als Heimat empfinde, ist es für mich doppelt unkompliziert, „Jude" zu sein – auch weil hier so viele Juden leben. Nun mag es ironisch erscheinen, dass ich in eine Stadt mit fast anderthalb Millionen Juden ziehen musste, um mich nicht mehr als Jude zu fühlen. Aber es ist kaum ein Zufall. Da es hier so viele andere Juden gibt, kann mich der Umstand, es faktisch auch zu sein, kaum von anderen unterscheiden.

Der wichtigere Grund, warum ich mich in New York so wohl fühle, ist hingegen ein anderer: Wie E. B. White in „Hier ist New York", seinem glänzenden Essay über diese glanzvollste aller Städte, bemerkte, definiert New York sich weit mehr über seine Neuankömmlinge als über seine Einheimischen.

Es gibt, schreibt White, im Grunde genommen drei New Yorks. Das erste New York ist die Stadt derer, die dort geboren wurden. Doch die Einheimischen sind auch diejenigen, die „die Stadt als etwas Selbstverständliches betrachten, die ihre Größe und ihre Hektik als naturgegeben und unvermeidbar akzeptieren".[1]

Das zweite New York ist die Stadt der Pendler. Whites Verachtung für sie ist offensichtlich: „Es kommt selten vor, dass ein Pendler, der in Mamaroneck oder in Little Neck oder Teaneck wohnt und in New York arbeitet, mehr von der Stadt kennt als die Ankunfts- und Abfahrtszeiten der Busse und Bahnen und die kurze Wegstrecke zu seinem Mittagessen."

Schließlich gibt es noch das dritte New York, das New York derer, die woanders geboren wurden und „als Suchende" in die Stadt kamen:

„Von diesen drei pulsierenden Städten ist die letztgenannte die größte – die Endstation, die Stadt, die das Ziel ist. Diese dritte Stadt ist es, die den neurotischen Charakter New Yorks ausmacht, seine poetische Ader nährt, seine Hinwendung zu den Künsten und seine unvergleichlichen Erfolge. Die Pendler geben der Stadt ihre an- und abschwellende Ruhelosigkeit, die hier Geborenen geben ihr Stabilität und Kontinuität, die Suchenden aber geben ihr Leidenschaft. Egal, ob es sich dabei um einen Kleinbauern aus Italien handelt, der sich dort niederlässt, um einen Gemüseladen in einem Slumviertel zu eröffnen, oder ein junges Mädchen, das seine Heimatstadt in Mississippi verlassen hat, weil es die ständige Beobachtung durch die Nachbarn nicht mehr ertragen konnte, oder einen Jungen aus dem Corn Belt mit einem Manuskript im Koffer und Sehnsucht im Herzen – es macht keinen Unterschied: Jeder von ihnen nimmt New York mit der Intensität der ersten großen Liebe in sich auf, jeder von ihnen sieht New York mit dem ungetrübten Auge des Abenteurers, jeder von ihnen erzeugt eine Hitze und Strahlkraft, die die gesamte Consolidated Edison Company in den Schatten stellt."

Ein echter Berliner hat deutsche Vorfahren. Ein echter Pariser hat Eltern – oder, besser noch, Großeltern –, die innerhalb des Boulevard Périphérique geboren wurden. Ein echter New Yorker ist schlicht jemand, der in die Stadt gekommen ist, weil er auf der Suche nach etwas ist.

Egal ob es sich dabei um einen Bauern aus Italien, ein junges Mädchen aus einer Kleinstadt in Mississippi, einen Jungen aus dem Corn Belt oder einen deutschen Juden, der sich nicht mehr als Deutscher und nicht mehr als Jude fühlen will, handelt: Jeder von ihnen nimmt New York mit der Intensität der ersten Liebe in sich auf – und wird ohne einen Gedanken an seine Herkunft von New York einverleibt.

Wegen dieser wunderbaren Eigenschaft ist New York auch für mich zu einer Endstation geworden. Hier kann ich so lange darüber reden, wer ich bin oder woher ich komme, wie ich will. Es macht kaum einen Unterschied.

Meine Identität ist weder die eines Juden noch die eines Deutschen. Es ist die eines Suchenden, der gefunden hat, und die eines Fremden, der endlich zu Hause angekommen ist. Es ist die einfache und dennoch unermesslich befreiende Identität eines New Yorkers.

•

Meine kleine Hymne auf New York beschließt die englischsprachige Ausgabe meines Buchs, die 2014 in den USA erschien.[2] Meine Liebe für die Stadt, die E. B. White so hinreißend beschrieb, ist so stark wie je. Auch heute noch fühle ich mich in New York heimischer als in München oder Berlin.

Und doch: Was die deutsch-jüdische Beziehung – und Deutschlands Zukunft im Allgemeinen – angeht, bin ich in den letzten anderthalb Jahren ein gutes Stück optimistischer geworden. Normal ist der Umgang zwischen Deutschen und Juden noch immer nicht. Aber können wir uns vielleicht eher von den hartnäckigen Neurosen, die uns so lange voneinander trennten, verabschieden, als ich noch vor Kurzem zu glauben wagte? Ich denke ja.

Als ich diesen Vortrag bei den Laupheimer Gesprächen hielt, war ich das erste Mal, seit ich im Alter von zwölf Jahren erleichtert weggezogen bin, wieder in Laupheim. Es war für mich ein überraschender – und auch ein überraschend schöner – Besuch.

Im Ort hat sich viel verändert. Mein einst namenloses Gymnasium wurde mittlerweile nach Carl Laemmle benannt. Ein kleines, hübsches Museum zur Geschichte der Christen und Juden hat vor einigen Jahren seine Türen geöffnet. Der jüdische Friedhof im Stadtzentrum wird sorgfältig gepflegt und von einem schön renovierten Besucherhaus flankiert. Alljährlich widmen sich die Laupheimer Gespräche der christlich-jüdischen Geschichte – und schrecken dabei selbst vor so heiklen Themen wie der „Arisierung" jüdischen Eigentums nicht zurück.

Ich war nach Laupheim zurückgekehrt, weil mich die Veranstalter der Laupheimer Gespräche 2015 eingeladen hatten, über meine Kindheitserfahrungen zu referieren. Obwohl ich selten Lampenfieber habe, flatterte mir, als ich das Podium bestieg, plötzlich das Herz. Einerseits wollte ich ehrlich von meinen Erfahrungen erzählen, die das Laupheim meiner Kindheit nun einmal in einem gemischten Licht erscheinen lassen. Andererseits hatten die Stadt und das Haus der Geschichte Baden-Württemberg mich generöserweise eingeladen. Einige Hundert Laupheimer hatten am Morgen schon einen Vortrag über die Wichtigkeit der anhaltenden Auseinandersetzung mit der Vergangenheit gehört, hatten brav applaudiert und schauten mich jetzt in wohlwollender Erwartung an. Wollte ich wirklich wieder den Spielverderber machen, der meckert und stänkert und dem Publikum den schönen Anlass versaut?

Ich blätterte durch meine Notizen. Vielleicht könnte ich die kritischen Seiten einfach auslassen? Oder improvisiert ein bisschen abmildern?

Nein, das wollte ich dann doch nicht – und es war auch zu spät dafür. Ich stand schon viel zu lange am Pult, ohne etwas zu sagen. Die ersten Zuschauer schienen sich langsam um meinen Geisteszustand zu sorgen. Wenn mein Vortrag jemanden beleidigen sollte, dann sollten sie halt beleidigt sein.

Zu meiner Überraschung kam es anders. Statt der Konfrontation, die ich befürchtet hatte, wurde der Tag zu einem sehr konstruktiven Austausch – und für mich persönlich sogar zu so etwas wie einer Aussöhnung mit meinen Jahren in Laupheim. Die Zuschauer nickten und lachten, als ich aus meiner Schulzeit erzählte. Sie freuten sich, als ich ihnen von meinem neuen Optimismus berichtete. Und obwohl meine letzten Worte – in denen ich spontan meine Hoffnung ausdrückte, dass ihr schönes Museum vielleicht eines Tages der Geschichte der Laupheimer Christen, Juden und Muslime gewidmet sein könnte – sicher nicht auf einhellige Zustimmung stießen, beklatschten sie mich fast wie einen verlorenen Sohn.

Nach dem Vortrag kam ich mit vielen Laupheimern ins Gespräch. Da war ein aus Laupheim stammender Engländer, der regelmäßig aus Manchester zu den Laupheimer Gesprächen anreist, auch um bei der Gelegenheit seinen Vorfahren einen Stein aufs Grab zu legen. Da war eine Lehrerin, die an meinem alten Gymnasium unterrichtete und mich herzlich einlud, sie in der Schule zu besuchen und dabei vielleicht auch mit einer ihrer Klassen zu diskutieren. Da waren ein paar Schüler, die mir ehrliche Fragen stellten und unverkrampfte Meinungen vertraten. Da waren unsere ehemaligen

Nachbarn, die sich schon seit Jahrzehnten für die Erforschung von Laupheims jüdischer Vergangenheit engagieren und mir am Abend eine entzückende Stadtführung gaben. Und da war ein alter Klassenkamerad, mit dem ich mich am späten Abend in Laupheims Irish Pub traf, um bei ein paar Weißbier über alte Zeiten zu quatschen.

Als ich am nächsten Morgen nach einem letzten Stadtspaziergang zum Bahnhof fuhr, stellte sich bei mir ein Gefühl ein, das ich so noch nie in meinem Leben gehabt hatte: Ich war ein wenig traurig, Laupheim so schnell wieder zu verlassen.

Auf der Fahrt zurück nach Berlin kam ich nicht umhin, darüber nachzudenken, wie es einem kleinen jüdischen Jungen ergehen würde, der heute im Alter von neun Jahren nach Laupheim zieht. Auch er wäre sicher ein Exot. Ganz unkompliziert würde sich sein Leben kaum gestalten. Doch ich glaube, es würde ihm mittlerweile deutlich leichter fallen, eine deutsch-jüdische Identität aufzubauen.

Ein Grund dafür ist, dass die Auseinandersetzung mit der Nazizeit in den letzten 20 Jahren auch in den abgelegeneren Ecken Deutschlands Einzug gehalten hat. Als ich dort wohnte, verleugnete Laupheim noch die eigene Vergangenheit. Mittlerweile hat sich die Stadt zu einem Meister in der Vergangenheitsbewältigung gemausert.

Aber ein vielleicht noch wichtigerer Grund ist, dass junge Deutsche – und das gilt auch für die Laupheimer Schüler, mit denen ich bei meinem Besuch ins Gespräch kam – viel unverkrampfter mit Juden umgehen als meine eigene Generation es tat.

Seit 1945 hat es, grob gesagt, drei Phasen des Umgangs mit der deutschen Geschichte gegeben. Jede dieser Phasen hat sich, wie im ersten Teil des Buchs beschrieben, gleichfalls auf das Verhältnis zwischen Deutschen und Juden ausgewirkt.

In den ersten Nachkriegsjahren war die Vergangenheit noch tabu, und so lebte auch viel Ignoranz und Antisemitismus weiter. Dann fasste in den Sechzigerjahren langsam das Verlangen nach einer Aufarbeitung der Vergangenheit Fuß und verwandelte viele wohlmeinende Deutsche in nervösnette Philosemiten. Schließlich rebellierte eine jüngere Generation gegen die Schuldrituale ihrer Eltern und forderte lautstark einen Schlussstrich unter die Vergangenheit. Ihre Wut richtete sich schließlich zugleich gegen all diejenigen Juden, die diese Schuldgefühle für sie verkörperten. Auch deshalb verließ ich letztlich Deutschland.

Aber vielleicht hat mittlerweile eine neue Phase begonnen?

In meinem neuen Optimismus bin ich versucht, so etwas wie eine vierte Generation zu diagnostizieren. Die Mitglieder dieser Generation unterscheiden sich im Umgang mit der Vergangenheit und mit den Juden in dreierlei Hinsicht von ihren Vorfahren.

Erstens sind sie, wie die Generation der Achtundsechziger, ehrlich über die Vergangenheit entsetzt – haben aber keine Angst, auf ihr Land stolz zu sein oder sich offen mit Deutschland zu identifizieren.

Zweitens haben sie sowohl den verkopften Philosemitismus als auch das passiv-aggressive Insistieren auf einem Schlussstrich hinter sich gelassen. Auch sie sehnen sich zwar nach einer neuen Normalität im Umgang mit Juden. Aber sie fordern diese Normalität nicht lautstark als Preis für ihre brave Beschäftigung mit der Vergangenheit ein – und schaffen es gerade deshalb, mit Juden wirklich recht normal umzugehen.

Vor allem jedoch haben sie sich Toleranz gegenüber der Vielfalt von Religion und Abstammung nicht auf abstrakte Weise im Geschichts- oder Ethikunterricht antrainiert, sondern sie in tagtäglicher Praxis erlernt. Ein ethnisch, kulturell und religiös vielfältiges Deutschland ist für sie gelebte Realität — sodass ihnen ein deutscher Jude auch nicht viel exotischer vorkommt als ein deutscher Koreaner oder ein deutscher Perser.

Es ist zu früh, zu wissen, wie weit verbreitet diese neue Phase ist und ob sie das Land anhaltend verändern kann. Aber sie macht mir Hoffnung: Hoffnung auf ein vielfältigeres Deutschland und Hoffnung darauf, dass wir die scheinbar ewige Komödie der Irrungen zwischen Juden und Nichtjuden irgendwann doch noch hinter uns lassen können.

SUSANNA PIONTEK, DETROIT

ZWISCHEN AKTION SÜHNEZEICHEN UND ISRAELISCHEM MILITÄR – ZWEI PORTRAITS DER DRITTEN GENERATION

Zwei junge Menschen der dritten Generation werden in diesem Essay porträtiert, ein Christ und eine Jüdin, die überaus unterschiedliche Wege einschlugen: Während Richard Bachmann aus Leipzig im Rahmen der Aktion Sühnezeichen Friedensdienste e. V. für ein Jahr am ältesten Holocaust-Museum in den USA tätig war, wanderte die US-Amerikanerin Stephanie Horwitz nach Israel aus. Am Wochenende lebt sie in einem Kibbuz, unter der Woche bildet sie beim israelischen Militär junge Soldaten an Panzern aus.

„Die dritte Generation" ist ein Thema, an dem ich sehr gerne gearbeitet habe. Darunter verstehe ich die Enkelkinder bzw. Urenkel der Menschen, die in irgendeiner Weise mit Hitler-Deutschland und dem Holocaust zu tun hatten – als Opfer, als Täter, als Mitläufer oder Widerständler. Die Palette ist breit.

Ich möchte im Folgenden über zwei junge Menschen berichten, beide in ihren Zwanzigern, die meiner Ansicht nach recht ungewöhnliche Lebenskapitel aufgeschlagen haben. Die Jüdin Stephanie Horwitz, aufgewachsen in Michigan, trainiert auf einer Militärbasis im Süden Israels junge Soldaten in der Handhabung von Panzern. Der Leipziger Christ Richard Bachmann hat über den Verein Aktion Sühnezeichen Friedensdienste ein Jahr am Holocaust-Museum in Farmington Hills, Michigan, verbracht. Beiden bin ich mehrfach begegnet.

Stephanie Horwitz traf ich zum ersten Mal vor einigen Jahren im Hause ihrer Eltern. Damals hatte sie gerade mit ihrem Studium an der hoch angesehenen University of Michigan in Ann Arbor begonnen, einer Studentenstadt, etwa 45 Autominuten von ihrem Elternhaus entfernt. Ihr Studienfach:

Stephanie Horwitz

Organisation im Bereich Verhalten und Entwicklung – eine Mixtur aus Betriebswirtschaft, Unternehmensberatung, Psychologie und Soziologie. Ihr Schwerpunkt: Management gemeinnütziger Organisationen.

Stephanies Vater ist der Herausgeber der Wochenzeitung „Jewish News" im Großraum Detroit, ihre Mutter hat über Jahre ehrenamtlich für verschiedene jüdische Organisationen gearbeitet. Stephanie ist das Nesthäkchen in diesem konservativ jüdischen Elternhaus. Ihre beiden älteren Brüder sind Rabbiner und Psychologe geworden.

Wenn ich sage „konservatives jüdisches Elternhaus", dann meine ich damit, dass das Leben nach dem jüdischen Kalender geführt wurde; das beinhaltet die Begehung aller Feiertage (und erfordert viel Sitzfleisch – denn die Gottesdienste an den hohen Feiertagen dauern ohne weiteres drei Stunden), die Familie unternahm mehrfach Reisen nach Israel und lebt koscher.

Die Großmütter von Stephanie sind Holocaust-Überlebende. Während die deutsche Großmutter mütterlicherseits mit zehn Jahren via Kindertransport nach England entkommen konnte, hatte die aus Polen stammende Mutter ihres Vaters weniger Glück: Ihr Leidensweg führte sie durch verschiedene Arbeits- und Konzentrationslager in Polen. Beide Mädchen verloren ihre Eltern und zum Teil auch Geschwister und weitere Familienangehörige.

Schon früh interessierte Stephanie sich für den Holocaust und wollte vieles wissen. Ihr Vater stellte für die Familie ein Buch mit den Erlebnissen seiner Mutter zusammen. Ebenfalls von großem Einfluss war der Besuch der Hillel-Schule. Dies ist eine private jüdische Schule in Farmington Hills, die nach einem der bedeutendsten pharisäischen Rabbiner benannt wurde, einem Zeitgenossen von König Herodes. Die ursprünglich konservative Tagesschule wurde 1958 gegründet und ist heute eine Gemeinschaftsschule, das heißt, es werden dort ebenso Kinder aus reformjüdischen Familien unterrichtet.

Der Unterricht umfasst sowohl weltliche als auch jüdische Fächer und unterweist Schüler vom Kindergarten bis zur achten Klasse. Schon sehr früh lernen die Kinder Hebräisch, der Holocaust zieht sich wie ein roter Faden durch die gesamte Schullaufbahn. In Verbindung mit ihrer Familiengeschichte ist es daher fast zwangsläufig, dass Stephanie sich besonders für dieses Thema interessiert.

Die Hillel-Schule weckte in ihr die Liebe zu Israel und so wollte sie mit zwölf Jahren ihre Bat Mitzwa nicht zu Hause in Michigan zelebrieren, sondern auf dem Berg Masada, nicht weit vom Toten Meer in der Ruine einer alten Synagoge. Die Bat Mitzwa für Mädchen, als Gegenstück zur Bar Mitzwa für Jungen, ist das Initiationsritual für den Eintritt ins Erwachsenenleben und findet für Mädchen als Gruppenveranstaltung statt.

Da Stephanie mit ihren Eltern mehrfach in Israel war, machte sie keinen Gebrauch vom sogenannten birthright program, das jüdischen Kindern einen zehntägigen Israelaufenthalt finanziert.

Mit 17 Jahren schloss sich Stephanie dem „March of the living" an, ein jährliches Programm, mit dem Studenten aus aller Welt nach Polen reisen. Dort haben sie Gelegenheit, mehr über den Holocaust und die Wurzeln von Intoleranz und Vorurteilen zu lernen, indem sie unter anderem die ca. 3 km lange Strecke von Auschwitz nach Birkenau beschreiten, so wie vor einigen Jahrzehnten die Vorfahren vieler Studenten. Dieser Schweigemarsch zum größten Konzentrationslager findet jährlich unmittelbar nach Ostern am Holocaust-Gedenktag, Yom HaShoa, statt. An diesem Programm haben seit seiner Gründung 1988 mehr als 200 000 junge Menschen aus 35 Ländern teilgenommen. Im Anschluss an die Woche in Polen reiste sie nach Israel, um dort zwei Feiertage zu begehen, den Nationalfeiertag Jom haZikaron, bei dem der gefallenen israelischen Soldaten und Opfer des Terrorismus gedacht wird, und gleich danach Jom haAtzma'ut, ein Freudentag, an dem die israelische Unabhängigkeit gefeiert wird. Diese vierzehn Tage waren für die damalige Schülerin von überaus großer Bedeutung.

Im dritten Studienjahr absolvierte Stephanie ein Auslandssemester in Israel. Das brachte die Wende in ihrem Leben: Sie entschloss sich, Alija zu machen. Dies bedeutet „hinaufziehen" und „Aufstieg" und ist die Bezeichnung für die Heimkehr Einzelner oder Gruppen in das Gelobte Land, also die Übersiedlung von Juden nach Israel. 2013, in dem Jahr, in dem Stephanie auswanderte, zogen 3400 nordamerikanische Juden nach Israel.

Obwohl Stephanies Hebräischkenntnisse durch die Hillel-Schule und auch ihr Auslandssemester bereits gut waren, besuchte sie einen sehr intensiven Sprachkurs, genannt ULPAN. Dieses einmonatige Programm ist gleichzusetzen mit einer Sprachimmersion, man taucht also komplett in die andere Sprache ein. Lese- und Schreibfertigkeiten werden ebenso erlangt. Die meisten dieser Programme vermitteln darüber hinaus Kenntnisse über israelische Geschichte, Kultur und Landeskunde – insgesamt eine ausgesprochen effiziente und sinnvolle Vorbereitung, um sich nach der Einwanderung in Israel gut verständigen zu können.

Die gemeinnützige Organisation Nefesh B'Nefesh (Seele für Seele), die eng mit der israelischen Regierung zusammenarbeitet, setzt sich ein für die Auswanderung nordamerikanischer und britischer Juden nach Israel. Sie bietet eine Vielzahl von Seminaren und Workshops an, um die zukünftigen Auswanderer in bester Weise vorzubereiten und potenzielle Schwierigkeiten in beruflicher, finanzieller, logistischer und sozialer Hinsicht so gering wie möglich zu halten. Nefesh B'Nefesh steht den Auswanderungswilligen nicht nur in der Vorbereitung zur Seite, sie kümmern sich zudem um den Flug nach Israel, wobei man entweder an einem Charterflug teilnehmen kann, der ausschließlich mit Gleichgesinnten besetzt ist, in einer Gruppe von 30 bis 80 Teilnehmern oder allein mit einem beliebigen El Al Linienflug. In Israel angekommen, hört die Betreuung nicht auf – die Neueinwanderer können sich mit allen Belangen jederzeit an die Organisation wenden und erfahren dort Hilfe. Seit 2002 sind auf diese Weise 30 000 Menschen nach Israel emigriert.

Lebt man im jüdischen Staat, dann ist man verpflichtet, bis zum 21. Lebensjahr zum Militär zu gehen. Dies gilt auch für Einwanderer, wenn sie vor diesem Alter nach Israel kommen. Bislang müssen Männer 36 Monate, Frauen 21 Monate dienen. Dies soll aber demnächst geändert werden, wie ich von Stephanie erfuhr. Demnach wird wohl aus Gründen der Gleichberechtigung die Dienstzeit für Männer verkürzt und für Frauen verlängert. Eine Ausnahme besteht für streng religiöse Jüdinnen, die sich freistellen lassen und stattdessen ein soziales Jahr absolvieren können.

Zum Zeitpunkt der Übersiedlung war Stephanie bereits 22 Jahre alt, wäre also vom Militärdienst ausgenommen gewesen. Nach zahlreichen Gesprächen mit anderen Auswanderern stellte sie fest, dass jenen, die nicht zum Militärdienst gegangen waren, später etwas Wichtiges fehlte und dass sie bedauerten, diesen Schritt nicht gegangen zu sein. Das konnte sie sehr gut nachvollziehen – wenn sie schon auswanderte und in diesem Land leben wollte, dann bitte mit den gleichen Erfahrungen wie die Einheimischen. Sie wollte nicht nur aus der Ferne Solidarität mit Israel fühlen – sie wollte ein Teil der israelischen Gesellschaft werden und die Mentalität der Bewohner so gut wie möglich verstehen.

Wenn jemand sowohl in Israel einwandern als auch den Militärdienst ableisten will, gibt es ein Programm bzw. eine Organisation, die sich darum kümmert. Das Scout Lone Soldiers Program ist identisch mit der israelischen Organisation Garin Tzabar, 1991 gegründet von den Freunden israelischer Pfadfinder, die jährlich 300 lone soldiers unterstützt. Zu jeder Gruppe, Garin genannt, gehören etwa 20 Soldaten, die zusammen in einem Kibbuz leben und gemeinsam den Militärdienst absolvieren wollen beim IDF, den Israel Defense Forces. Interessant erscheint mir in diesem Zusammenhang, dass das Militär in Israel sich als Verteidigungsstreitkraft versteht, nicht als Angriffsmacht. Stephanie betonte, sie wolle diesen Dienst leisten, um Israel zu verteidigen. Psychologisch gesehen könnte ich mir vorstellen, dass ein Wehrdienst unter dieser Prämisse auch bei Menschen, die eher eine friedliche diplomatische Beilegung von Konflikten befürworten, besser mit dem eigenen Gewissen zu vereinbaren ist, als die Vorstellung, einen „Feind" aktiv anzugreifen.

Die Vorbereitung für die lone soldiers erfolgt in drei Schritten: Acht Monate vor der Ankunft in Israel werden die jungen künftigen Soldaten von den Freunden der israelischen Pfadfinder in zahlreichen Wochenendseminaren mit wichtigen Informationen zum Militär versorgt, aber auch bezüglich Einwanderung und Leben in Israel und im Kibbuz. In diese Seminare werden nach Belieben gleichfalls Familienangehörige miteinbezogen. Zu diesem Zweck traf sich Stephanie einmal im Monat mit 26 Gleichgesinnten in Chicago, von denen viele mindestens einen israelischen Elternteil haben.

Stephanie machte sich mit 150 anderen Auswanderungswilligen im August 2013 auf die Reise nach Israel. Bereits zwei Tage später erhielt sie die israelische Staatsangehörigkeit. Der Gast-Kibbuz, dem sie mit ihrer 27-köpfigen Gruppe zugeteilt wurde, liegt ganz im Norden des Landes und

Stephanie Horwitz auf einem Panzer

heißt Ein Dor, übersetzt „Frühling einer Generation". Er hat ungefähr 1000 Einwohner und wurde 1948 von Mitgliedern einer sozialistisch-zionistischen Jugendorganisation gegründet. Dies ist ihre Ausgangsbasis und neue Heimat zugleich für die Dauer des Militärs. In den 24 Jahren des Bestehens von Garin Tzabar haben 32 Kibbuzim an diesem Programm partizipiert. Eine Reihe von Betreuern nimmt sich der jungen Menschen an, bereitet sie auf den Militärdienst vor, bereist mit ihnen das Land und trägt Sorge dafür, dass die Teilnehmer durch einen weiteren Intensivkurs ihre Hebräischkenntnisse verbessern bzw. vervollkommnen.

Für Frauen gibt es hinsichtlich der Militärausbildung verschiedene Optionen, zum Beispiel im medizinischen, technischen, sozialen, pädagogischen und aufklärerischen Bereich oder in der Kampfbetreuung. Zunächst erfolgt die Grundausbildung, in der man den Dienst an der Waffe lernt, mit schwerem Gepäck laufen, klettern und Hindernisse überwinden muss und Erste-Hilfe-Maßnahmen erlernt. Im Dezember begann Stephanies dreimonatiges Basistraining im Panzerbataillon, dessen Ende im März 2014 mit einer feierlichen Zeremonie in Latrun begangen wurde, wo sich die Gedenkstätte einer Panzertruppe und ein Militärmuseum befinden. Zu diesem Anlass flogen auch ihre Eltern nach Israel. Ihr Stolz kannte keine Grenzen, als sie erfuhren, dass Stephanie nicht nur die Grundausbildung erfolgreich absolviert hatte, sondern darüber hinaus ein Zertifikat als beste „allround Soldatin" erhielt. Ferner wurde sie ausgezeichnet als herausragendes Vorbild für ihre Mitsoldaten und wegen besonderer Führungsqualitäten. Für die ganze Einheit werden lediglich zwei solcher Auszeichnungen vergeben und sowohl die Vorgesetzten als auch ihre Mitsoldatinnen hatten dafür gestimmt, Stephanie diese Ehre zuteil werden zu lassen.

Schon vor der Grundausbildung hatte Stephanie die Entscheidung getroffen, junge Soldaten in der Bedienung von Panzern zu trainieren. Das ist eine Aufgabe, die für sie so verrückt klang, so völlig jenseits von allem, was sie sich hätte vorstellen können, dass ihre Wahl genau darauf fiel. Es sollte etwas sein, das sie nicht nur herausfordert, sondern zum Verlassen ihrer Komfortzone führt. Alternativ hätte sie sich in Bezug auf Panzer auch dafür entscheiden können, Kanonier, Lader, Panzerkommandeur oder Panzerfahrer zu werden.

Wie sieht nun ihr Alltag beim Militär aus? Um 7 Uhr steht sie auf, eine Stunde später findet eine Konferenz statt. Von 9 bis 18 Uhr bildet sie Männer in der Bedienung von Panzern aus, genauer, sie lehrt sie, wie man Kanonen auf Ziele abfeuert. Dieser Einzelunterricht dauert jeweils 40 Minuten und man kann es sich wie ein Videospiel vorstellen. Während der Soldat sich in einem Panzer befindet, sitzt Stephanie vor einem Simulator, von dem aus sie exakt sehen und auch kontrollieren kann, was der Soldat durch die Panzerluke beobachtet. Gewissermaßen führt sie seine Blickrichtung, konfrontiert ihn mit Hindernissen, schwenkt vor und zurück usw., so dass er unter ihren Anweisungen und durch unablässiges Üben immer sicherer wird in der Handhabung des Panzers. Diese Techniken sind wichtig, denn es handelt sich ausschließlich um Soldaten, die im Ernstfall in den Kampf ziehen, also nicht nur in der Theorie fit sein müssen.

Zwischendurch gibt es eine Stunde Mittagspause und nach dem Training eine Stunde Zeit fürs Abendessen. Zwischen 19 und 22 Uhr fungiert Stephanie als Mentorin für eine junge Frau, die später Stephanies Tätigkeit ausüben wird. Ein langer Arbeitstag? Er ist noch nicht zu Ende. Von 22 bis 1 Uhr morgens stehen weitere Treffen und Programme auf dem Stundenplan, erst dann kann sie einige Stunden schlafen in einem Raum, den sie mit sieben bis acht anderen Soldatinnen teilt.

Ihre Militärbasis namens Shizafon liegt in der Nähe von Eilat am Roten Meer, also im Süden des Landes. Wenn sie nicht übers Wochenende Dienst leisten muss, macht sich Stephanie zumeist Donnerstagmittag oder Freitagmorgen auf den etwa sechs Stunden dauernden Weg zu ihrem Kibbuz am entgegengesetzten Ende des Landes, eine Strecke von mehr als 400 km, die sie in Etappen mit verschiedenen Bussen zurücklegt. Die Busfahrten sind überaus anstrengend, jeder kämpft um einen Platz, die Stimmung ist aggressiv, aber es gibt auch immer wieder sehr erfreuliche Begegnungen. Wildfremde Menschen sprechen sie an, geben Stephanie ihre Telefonnummer und Adresse und bieten ihr an, sie jederzeit zu kontaktieren, wenn sie Hilfe brauche. Oft erhält sie Einladungen zum Sabbat-Mahl am Freitagabend. In Ein Dor angekommen, trifft sie sich mit den anderen aus ihrer Garin Tzabar Gruppe, um sich von den Strapazen der Woche zu erholen und ein wenig Privatsphäre zu genießen, so gut das eben geht – denn auch dort teilt sie sich ein kleines Apartment mit einer Zimmergenossin. Sie kann im Supermarkt einkaufen und Sport treiben. Freizeitmöglichkeiten sind äußerst begrenzt und die nächste Stadt mit rund 40 000 Einwohnern, Afula, liegt etwa 20 km entfernt. Manchmal unterbricht sie ihre Busfahrt gen Norden, um verschiedene Ortschaften zu besuchen und einfach mal was anderes zu sehen.

Der Militärdienst endet für Stephanie am 15. Dezember 2015 – sie könnte länger bleiben, wenn sie wollte, denn man hat ihr eine Aufstiegsmöglichkeit zur Offizierin angeboten, was sie allerdings abgelehnt hat. Sie plant, erst mal in ihrem Kibbuz zu leben und zu arbeiten und danach für einen Monat Israel zu bereisen. Insgesamt kann sie nach Ende des Militärs noch für drei Monate in ihrem Kibbuz verbleiben.

Und danach? Stephanie ist für alle Möglichkeiten offen – es könnte sein, dass sie nach Michigan zurückkehrt, wo ihre Familie lebt, mit der sie sehr eng verbunden ist. Sie würde dann versuchen, eine Arbeit zu finden, in der sie das im Studium Gelernte im Rahmen einer Organisation anwenden kann, die mit Israel zu tun hat. Sie behält sich aber auch vor, in Israel zu bleiben. Irgendwann möchte sie heiraten und Kinder haben – wo und mit wem, das wird sich ergeben.

•

Kommen wir nun zu Richard Bachmann, einem jungen Mann aus Sachsen, den ich während seines einjährigen Volontärdienstes am ältesten Holocaust-Museum in den USA, in Farmington Hills, kennenlernte. Dies ist das Museum, an dem meine bessere Hälfte, Guy Stern, arbeitet.

Richard wurde 1987 in Leisnig, etwa 60 km von Leipzig entfernt, als erstes Kind eines Ausbilders bei der Telekom und der Abteilungsleiterin eines Elektromotorenwerks geboren. Er hat eine drei Jahre jüngere Schwester, Theresa.

Ungefähr in der vierten Klasse fiel ihm erstmals eine Gruppe älterer Jungen auf, die Glatzen trugen, schwere Bomberjacken und Army-Stiefel. Auf seine Frage, was das für Typen seien, antwortete ein Schulfreund: „Nazis". Damit konnte Richard nichts anfangen, und so fragte er seinen

Richard A. Bachmann

Vater und erfuhr einiges über die Zeit des Nationalsozialismus in Deutschland und daraus hervorgegangen auch die Ideologie der Neonazis. Deren „Ausländer raus" und Hakenkreuz-Schmierereien konnte er an verschiedenen Wänden auf seinem Schulweg sehen. Ein türkischer Ladenbesitzer wurde zusammengeschlagen und musste mehrere Wochen im Hospital verbringen. Zwischen 1990 und 2011 verloren 60 Menschen in Deutschland ihr Leben durch rechtsextreme Gewalt – und das sind nur die offiziellen Zahlen der polizeilichen Kriminalstatistik. Inoffizielle Zahlen, zum Beispiel von der Amadeu Antonio Stiftung, liegen mehr als dreimal so hoch. Allmählich wurde Richard klar, dass trotz aller Aufklärungs- und Informationsarbeit von schulischer Seite aus, trotz Klassenfahrten zu den Konzentrationslagern und trotz des so offensichtlichen Wiedergutmachungswillens der deutschen Regierung die dunkle Vergangenheit weiterhin lange Schatten bis in die Gegenwart wirft. Er selbst hatte in der siebten oder achten Klasse im Rahmen seiner Jugendweihe an einer Klassenfahrt nach Buchenwald teilgenommen und in der elften Klasse Auschwitz besucht. Beide Fahrten waren freiwillig und konfrontierten ihn von schulischer Seite aus mit dem Holocaust.

Der gute Schüler entschied sich für ein Studium in Leipzig, weil es nicht weit von zu Hause war und die meisten seiner Schulfreunde sich ebenfalls an der dortigen Universität einschreiben wollten. Als Hauptfach belegte er Amerikanische Studien, sein Nebenfach war Geschichte. 2009 schaute er sich nach einer interessanten Tätigkeit für die kommenden Semesterferien um – und stieß auf die Aktion Sühnezeichen Friedensdienste, kurz ASF.

Die Entstehung dieses Vereins mit mittlerweile ca. 1000 Mitgliedern geht zurück auf einen Gründungsaufruf, der 1958 bei der Synode der evangelischen Kirche in Deutschland verlesen wurde. Darin heißt es: „Wir Deutschen haben den Zweiten Weltkrieg begonnen und damit mehr als andere unmessbares Leiden der Menschheit verschuldet. Deutsche haben in frevlerischem Aufstand gegen Gott Millionen Juden umgebracht. Wer von uns Überlebenden das nicht gewollt hat, hat nicht genug getan, es zu verhindern." Die Initiatoren der Aktion baten diejenigen, die durch Deutschland Gewalt erlitten haben, um Erlaubnis, „mit unseren Händen und mit

Richard A. Bachmann und Guy Stern,
Holocaust Memorial Center, Farmington Hills, 2013

unseren Mitteln in ihrem Land etwas Gutes zu tun" – es geht also nicht nur um Anerkennung von Schuld, sondern auch um Versöhnung und Frieden. Die Mehrzahl der Freiwilligen, die sich für den in der Regel einjährigen Einsatz bei der ASF melden, sind zwischen 18 und 30 Jahren alt; ältere Menschen können ebenfalls an den Programmen teilnehmen. Die Einsatzgebiete sind vielfältig und erstrecken sich auf mehrere europäische Länder, aber auch auf Israel und die USA. Dorthin wurden bereits 1968 die ersten Freiwilligen entsandt, um sich bei Organisationen und Gruppen zu engagieren, die sich als Folge der Bürgerrechtsbewegung für soziale Gerechtigkeit einsetzten.

Nachdem Richard also diese Organisation „entdeckt" hatte, entschied er sich, an einem zweiwöchigen Sommercamp in der Gedenkstätte Theresienstadt, dem heutigen Terezín in der Tschechischen Republik, teilzunehmen. Zusammen mit anderen jungen Menschen aus Deutschland, Weißrussland, der Ukraine und Japan half er dabei, Teile der alten Festungsmauer der Gedenkstätte freizulegen, die zugewuchert waren. Jeden Tag lernten er und seine Mitstreiter etwas mehr über den Ort und seine Geschichte. Es hatte auch ein wenig Pfadfindercharakter mit gemeinsam gekochten Mahlzeiten und Gesängen.

Als Teil des Programms wurden die Teilnehmer gebeten, etwas über jüdisches Leben in ihren Herkunftsorten *vor* dem Holocaust in Erfahrung zu bringen. Richard fand heraus, dass drei jüdische Familien in dem kleinen Ort Leisnig gelebt hatten, und seine Großmutter konnte sogar noch einige Informationen aus ihrer Kindheitserinnerung beisteuern.

An dieser Stelle möchte ich Richard zitieren, der mich in einer E-Mail bat, noch etwas Kurzes hinzuzufügen. Es hat mich berührt, und daher sollen Sie hier seine eigenen Gedanken lesen: „An der Stelle, wo du erzählst, dass meine Oma sich an den Stoffhändler erinnert hat, könnte man noch kurz sagen, dass sie ein wirklich wichtiger Mensch für mich (und meine Schwester) ist, denn sie ist unser Fenster zur Vergangenheit, jemand, der uns so viel über ihr eigenes Leben und Empfinden damals erzählt. Unsere Oma hat uns wirklich sensibilisiert, diesen Geschichten zu lauschen und nicht nur ‚alte Leute' zu sehen, sondern gelebte Leben, und vergangene Dinge, die bis heute in den Menschen nachhallen."

Nun zu Großmutters Erinnerungen: Der Eigentümer eines kleinen Beklei-
dungsgeschäftes war mit seiner Familie nach Auschwitz deportiert worden.
An dem Namensschild, das über dem Laden hängen blieb, war Richard regelmäßig auf dem Weg zur Schule vorbeigegangen, ohne sich je etwas
dabei zu denken. Das erschütterte ihn enorm. Von 13 jüdischen Mitbürgern
überlebte nur einer den Holocaust, Henry Tebrich. 1938 gelang es ihm, sich
nach Amerika abzusetzen. Mit großer Wahrscheinlichkeit besuchte er die
gleiche Schule wie Richards Großvater, der sich zunächst der Hitlerjugend,
dann der SS anschloss und vier Jahre in einem russischen Arbeitslager verbrachte.

Inspiriert von seiner Tätigkeit und den Begegnungen in Terezín, konnte
Richard seine jüngere Schwester ebenfalls für die ASF interessieren. Theresa absolvierte gleich nach ihrem Abitur ein Jahr als Volontärin am Holocaust-Museum in Pittsburgh. Richard besuchte sie und war sehr beeindruckt
von ihrer Tätigkeit dort. Dies wiederum motivierte ihn, sich über die ASF
ebenfalls um einen Einsatz in den USA zu bemühen. Zuvor aber engagierte
er sich während seines Studiums noch auf andere Weise, einmal als Mitor-
ganisator eines Workshops am Wende Museum nahe Los Angeles, das die
wohl weltweit größte Sammlung von Alltagsgegenständen der DDR besitzt.
Rund 100 000 Produkte aus der DDR und dem Ostblock aus der Zeit des
Kalten Krieges wurden zusammengetragen. Im Rahmen diverser Praktika
arbeitete er überdies mit der Universität in Athens, Ohio, zusammen, wo
er ein Semester studierte. 2012 schrieb er seine Bachelorarbeit.

Verzögert durch diese Auslandsaufenthalte konnte Richard sein Vorha-
ben, erneut und länger für die ASF tätig zu werden, erst 2013 in die Tat
umsetzen, das aber mit großer Begeisterung. Nach einer mehrmonatigen
Vorlaufzeit, in der er an verschiedenen Seminaren und Vorbereitungskursen
teilnahm, konnte er endlich seinen Dienst antreten und zwar am ältesten
Holocaust-Museum in den USA, in Farmington Hills, Michigan. Dieser
Einsatzort hatte ganz oben auf seiner Wunschliste gestanden. Zuvor jedoch,
gleich nach seiner Ankunft in den Vereinigten Staaten, nahmen er und andere, die ihren Dienst dort ableisten wollten, in Philadelphia für mehrere
Wochen an einem sogenannten Länderseminar teil. Sie lernten hier mehr
über die Bedeutung von Religion in den USA, besuchten verschiedene Pro-

jekte in Philadelphia und führten Gespräche mit einem Psychologen über die Traumata von Holocaust-Überlebenden und deren Angehörigen.

Dann endlich kam der Tag der Abreise nach Detroit und Richard war erstmals auf sich allein gestellt. An der Greyhound-Bushaltestelle wurde er gleich von einer Mitarbeiterin des Museums in Empfang genommen und zu seinem künftigen Einsatzort gefahren. Nach der Begrüßung durch den Direktor hatte er zunächst Gelegenheit, sich in Ruhe die Dauer- und Wechselausstellung des Museums anzuschauen, bevor er mit seinen Aufgaben betraut wurde.

Sein erster Arbeitstag war ein Sonntag und begann mit einem besonderen Ereignis: Das Holocaust-Museum ist eine von elf Institutionen, die einen Ableger des Baumes erhalten haben, auf den Anne Frank aus ihrem Fenster in Amsterdam blicken konnte und den sie in ihrem Tagebuch immer wieder erwähnt. Der Baum wurde bei einem Sturm vor fünf Jahren zerstört,

Richard A. Bachmann und Überlebende des Holocaust im Café in Oak Park, betreut von Dr. Charles Silow, 2014

Richard A. Bachmann und Esther Lupyan, Holocaustüberlebende aus Minsk im Holocaust Memorial Center, Farmington Hills, 2013

aber es konnten einige Ableger gerettet werden. Einer dieser Setzlinge wurde nun in einer feierlichen Zeremonie eingepflanzt. 800 Menschen nahmen daran teil. Richards Aufgabe an jenem Tag war es, die Konferenzräume auf die große Besucherzahl vorzubereiten und kleine Täschchen mit Tulpenzwiebeln zu verteilen, die jemand aus den Niederlanden anlässlich dieses Ereignisses gespendet hatte. Ein bewegender Start also für eine Vielzahl von verschiedenen Projekten, an denen der junge Volontär in den kommenden Monaten teilhaben durfte.

Da das Museum nicht allzu groß ist und die Zahl der Beschäftigten sehr überschaubar, konnte Richard sich jederzeit mit Fragen an seine Kollegen wenden. Zu seinen regelmäßigen Aufgaben gehörte das Anschreiben verschiedener Autoren und Verlage in Deutschland, Österreich und der Schweiz, um sie um eine Bücherspende für die museumseigene Bibliothek zu bitten. Diese wird geleitet von Feiga Weiss, die vor ihrer Tätigkeit im Holocaust-Museum viele Jahre für die Kongressbibliothek in Washington gearbeitet hat – ein enormer Gewinn für das Museum. Sie vermittelte Richard nicht nur Wissen über die hauseigenen Bestände und Archive, sondern auch Kenntnisse über Forschungsfelder und Interessengebiete der internationalen Holocaust-, Antisemitismus- und Judaicaforschung. Weitere Arbeitseinsätze waren Recherchearbeiten für Ausstellungen, Digitalisierung von Zeitzeugeninterviews und Vorbereitung diverser Veranstaltungen. Immer wieder unterstützte er mit kleinen Zuarbeiten den, wie er selbst es nannte, wohl agilsten Menschen jenseits der 90, den er je kennenlernen durfte, nämlich Guy Stern, den Direktor des Internationalen Instituts für Altruismusforschung. Er half ihm beim Verfassen oder Tippen deutscher Briefe, beim Textlektorat oder auch bei der Recherchearbeit für seine nächsten wissenschaftlichen Reden und Aufsätze.

Als ich vor drei Jahren in Laupheim einen Vortrag über das Älterwerden und Alter im Judentum hielt, kam ich auf das sogenannte Café Europa zu sprechen. Einmal im Monat treffen sich im jüdischen Gemeindezentrum in Oak Park Überlebende des Holocaust und ihre Familienangehörigen zu Kaffee und Kuchen, Tanz und Gesang, vor allem aber zu Gesprächen und Erfahrungsaustausch. Das Ganze wird betreut von Dr. Charles Silow, der sich im Rahmen der Organisation Jewish Senior Life um die psychologischen Belange dieser einst so traumatisierten Menschen kümmert. In diesem Café Europa half Richard beim Tischdecken, Kaffee ausschenken und Kuchen verteilen, aber: Meist lief es auf Gespräche hinaus – oftmals auf Deutsch –, und im Laufe der Zeit haben sich echte Freundschaften entwickelt zwischen dem jungen Sachsen und den Holocaust-Überlebenden. Für manche war Richard der erste Deutsche, mit dem sie nach dem Krieg gesprochen haben. Immer wieder wurde er privat zum Abendessen eingeladen und erhielt dadurch Gelegenheit, traditionelle jüdische Gerichte mit denen seiner Großmutter zu vergleichen und kulinarische Parallelen zu entdecken. Auch manche Einrichtungsgegenstände erinnerten ihn an „DDR-Krams" – seine Worte –, wie er ihn etwa von seiner Oma oder Leipziger Flohmärkten her kannte.

Im Dezember 2013, ein knappes Vierteljahr nach seiner Ankunft in Detroit, machte sich Richard auf den Weg nach Philadelphia, wo kurz vor Weihnachten ein Erfahrungsaustausch mit anderen Freiwilligen stattfand. Nach seiner Beschreibung eines typischen Arbeitstages im Museum, mit viel Computerrecherche und Übersetzungen, fragte ihn der für die USA zuständige Länderbeauftragte etwas provokant, ob es das sei, was Richard sich unter seinem ASF-Dienst vorgestellt hatte. Richard musste sich eingestehen, dass ihm bei aller Zufriedenheit mit seinen Aufgaben doch etwas fehlte, und so nahm er die Anregung des Mannes wahr, sich dem Museum als Referent zur Verfügung zu stellen.

Richard hatte sich bis dahin so viele Gedanken gemacht zu historischer Schuld und Vergebung, zu Neonazismus, Antisemitismus und Rassismus und auch seine eigene Familiengeschichte im Hinblick auf die NS-Zeit erforscht, dass es ihm sinnvoll erschien, diese Gedanken mit anderen zu teilen: mit Museumsbesuchern (in der Mehrzahl Schüler und Studenten) und mit den Holocaust-Überlebenden, mit denen er so häufig in Verbindung stand. Letztgenannter Punkt bereitete ihm etwas Kopfzerbrechen, da er sich nicht sicher war, wie gerade seine neuen hochbetagten Freunde reagieren würden, wenn sie erfuhren, dass auch Mitglieder von Richards Familie begeistert der Hitlerjugend und dem Bund deutscher Mädchen beigetreten waren. Was würden sie empfinden, wenn er ihnen erzählte, dass einige seiner Nachbarn in Deutschland bekennende Neonazis waren und dass Angriffe auf Minderheiten leider zum Alltag gehören? Die bei den Holocaust-Überlebenden weitverbreitete Hoffnung, dass die Deutschen sich geändert haben, würde er zwar größtenteils bestätigen, ihnen in mancher Hinsicht jedoch nicht den Schmerz darüber ersparen können, dass nicht nur in Deutschland, sondern auch europaweit der Antisemitismus wiedererstarkt ist.

Mit all diesen Überlegungen im Hinterkopf machte sich Richard an die Arbeit und schrieb über eine Woche lang an einer Rede, die er künftig als Referent halten wollte. Dabei war ihm absolute Ehrlichkeit wichtig, bis hin zu der Frage, warum er sich nicht schon vor seinem Freiwilligendienst in ähnlicher Weise engagiert hatte und welche Rolle die Aussicht gespielt hatte, ein Jahr in den USA leben zu dürfen. Das Erstellen dieses Textes war ein unglaublich bedeutungsvoller Prozess, eines, wie er selbst meint, der wichtigsten Elemente seines Freiwilligendienstes, denn diese nicht immer angenehme Reflexion und Selbstreflexion ließ ihn viel verstehen und hinterfragen. Den Text selbst hat er nach Fertigstellung lediglich als Orientierung genutzt, in der eigentlichen Form aber nie vorgetragen. Die Resonanz darauf war durchweg positiv, wenn er auch einigen der alten Zuhörer anmerken konnte, dass ihnen besonders die Schilderungen über das Schicksal von Henry Tebrich, dem möglichen Schulkameraden seines Großvaters, nahegingen: zwei gleichaltrige Jungen in einer sächsischen Kleinstadt – zwei Religionszugehörigkeiten, die bei dem einen zum Verlust von Familie und Vaterland führten, beim anderen zum SS-Beitritt.

Nun, da Richard dem Museum als Referent zur Verfügung stand, wurde auch die Jewish Federation of Metropolitan Detroit auf ihn aufmerksam, eine Art Zentralorgan der jüdischen Gemeinde, das sich um deren Belange und Wohlergehen bemüht. Dies gab ihm Gelegenheit, an etlichen Programmen, Workshops und Organisationstreffen teilzunehmen, darüber hinaus mit jüdischen Schulklassen zusammenzuarbeiten und Mitglieder des jüdischen Studentenbundes kennenzulernen.

Auch in „Repair the world" wurde er miteinbezogen und in zwei Projekte involviert, die sich mit Judaismus und religionsübergreifendem Dialog beschäftigten. „Repair the world" möchte ich nicht simpel mit

„Repariere die Welt" übersetzen, sondern eher mit „Mach' die Welt zu einem besseren Ort". Das Ziel dieser in fünf amerikanischen Großstädten bestehenden Vereinigung besteht darin, junge jüdische Erwachsene zu motivieren, sich – wenn auch nur mit geringem Zeitaufwand – in der Nachbarschaftshilfe oder ehrenamtlich vor Ort einzusetzen. In Detroit zum Beispiel arbeiten die Freiwilligen mit örtlichen Schulen und gemeinnützigen Organisationen zusammen, um gemeinsam an der Behebung von Missständen, etwa im Bereich Erziehung oder Ernährung, mitzuwirken und Verbesserungen herbeizuführen. Die Tatsache, dass er im Holocaust-Museum recht freie Hand in der Gestaltung seines Arbeitsalltags hatte, ermöglichte seinen Einsatz auch für die gerade genannten Organisationen.

Besonders „Repair the world" hatte erheblichen Einfluss auf Richards weitere Pläne nach Ablauf seines Freiwilligenjahres. Er beschloss, im Rahmen der Aktion Sühnezeichen Friedensdienste ein eigenes Sommercamp auf die Beine zu stellen. Zusammen mit seiner „Nachfolgerin" im Museum und Projektpartnern vor Ort sollen vom 25. Juli bis zum 11. August 2015 sieben deutsche und sieben amerikanische Freiwillige an einem Projekt in Detroit zusammenarbeiten. Geplant ist die Unterstützung des Nachbarschaftsvereins Eden Garden Block Club, ein Zusammenschluss jüdischer und afroamerikanischer Bürger, die im Nordosten der Stadt ein Viertel „wiederbeleben" wollen. In welcher Weise die Freiwilligen sich dort betätigen werden, kann man auf der Homepage der ASF nachlesen; das Projekt ist dort unter dem Stichwort „Sommerlager" detailliert beschrieben. Richard wird den gesamten Ablauf schriftlich festhalten und das Ergebnis als Masterarbeit im Studiengang American Studies an der Universität Leipzig einreichen.

Wenngleich letztgenanntes Projekt nichts mit dem Holocaust zu tun hat, möchte ich hier doch betonen, wie sehr die Erfahrungen seines Einsatzjahres Richard auch für die Zukunft geprägt haben. Er hat gelernt, geschichtliche Verantwortung zu empfinden – nicht für das Vergangene, denn das ist leider nicht ungeschehen zu machen, umso mehr aber für die Gegenwart und Zukunft. Als Nachfahren von Tätern und Opfern Seite an Seite stehen und ein entschiedenes „Nie wieder" nicht nur als Lippenbekenntnis, sondern empathisch in die Tat umsetzen, darum geht es ihm, und er ist entschlossen, seinen Teil zur Versöhnung und Aufklärung beizutragen; Antisemitismus, Fremdenfeindlichkeit und Rassismus sind schließlich weltweite Phänomene.

Richard ist damit ein überaus gelungenes Beispiel dafür, wie die dritte Generation mit dieser Thematik umgehen kann. Seine Tätigkeit für die Aktion Sühnezeichen Friedensdienste hat ihn ins Ausland geführt, seine Persönlichkeit reifen lassen und wunderbare Früchte getragen.

GUY STERN, DETROIT

DREI GENERATIONEN IM GESPRÄCH

Als Vorbereitung zur Podiumsdiskussion „Drei Generationen im Gespräch" anlässlich der Laupheimer Gespräche 2015 nahm ich mit mehreren jüdischen Jugendlichen der dritten Generation Kontakt auf. Diese Begegnungen mit den jungen Menschen waren ausgesprochen bemerkenswert; einige der daraus resultierenden Erkenntnisse will ich im Folgenden skizzieren.

Bei meinen Begegnungen mit jüdischen Jugendlichen der dritten Generation bestätigten viele die häufig genannten Reaktionen angesichts der Verfolgung ihrer älteren Verwandten: Betroffenheit, Mitgefühl, ja sogar zeitweilige Depressionen. Oft wurden ihnen diese Gefühle von der zweiten Generation vermittelt. Diese aufschlussreichen Reaktionen kamen in diesem Tagungsband ja bereits des öfteren zur Sprache.

Nicht ganz so typisch erschien mir das Ergebnis meines Interviews mit einer in Michigan studierenden und lebenden Graduate Studentin, Jessica Langnas. Es war ein ganz anderer Umgang mit dem Schicksal der großelterlichen Generation, fast möchte ich sagen, eine positive Reaktion auf deren Lebensmut. Jessicas Großvater konnte sich als Jugendlicher nach Italien absetzen und dort sogar eine Zeit lang zur Schule gehen, wurde aber dann gewarnt, dass er sich unbedingt verbergen müsse. Er wechselte mehrfach seinen Aufenthaltsort und fand jeweils kurzfristig Unterschlupf. Die junge Frau war für diese Erzählung gut vorbereitet: Sie hatte bis zum Abitur regelmäßig eine sogenannte Sonntagsschule ihrer konservativen jüdischen Gemeinde besucht, wo der Holocaust und der Zweite Weltkrieg mehrfach thematisiert wurden, und als Klassenprojekt für ihre Grundschule hatte sie über den Holocaust geschrieben.

Ihre erste Reaktion auf die Erzählung ihres Großvaters war ein Gefühl der Bewunderung dafür, wie ihr Zaydie diese Strapazen überstanden hatte. Diese Hochschätzung, so meint sie, und die ihrer Cousinen war für den Großvater eine Aufmunterung und Stütze für sein Alter. Er hatte bis dahin, also während Jessicas Heranwachsen, sein Schicksal für sich behalten.

Heute fasst Jessica seine Geschichte als eine Lektion für sich auf. „Wenn ein Jugendlicher wie mein Großvater die Verfolgung und Strapazen überstehen konnte, so kann ich auch mit meinen weit geringeren Problemen fertig werden. Und das sagte ich ihm und meine Cousinen taten dies auch. Ich meine, dass er aus unserer Bewunderung Stärke gezogen hat."

Diese Art der zweigleisigen Beeinflussung bestätigt der Aufsatz „Hearts of the Fathers" von Aharon Granot in der Zeitschrift „Mishpacha" vom 18. März 2015.[1] Die These dieses Essays liest sich in meiner Übersetzung wie folgt: Zahlreiche jüdische Männer und Frauen im hohen Alter, die einst von christlichen Familien adoptiert oder von mehrfach christlichen Institutionen versteckt wurden, fangen heute an, zum jüdischen Glauben zurückzukehren – in Gemeinschaft oder durch Ansporn ihrer Enkel.

Der Aufsatz verweist erklärend auf den Krakauer Rabbiner Avi Baumol: Dieser beschäftigt sich im Auftrag der dortigen Organisation Shaved Israel mit solchen Phänomenen. So entdeckte er zum Beispiel die während des Holocausts in einem Nonnenkloster untergebrachte Anna Grigal Horen. Ihr 25-jähriger Enkel Thomas wurde zum Katalysator für ihre Rückkehr zum Judentum. Sie hatte als Katholikin geheiratet, ihre Töchter wuchsen als Christinnen auf. Anna entdeckte ihr Judentum, als sie von Nachbarn in Nowy Sącz/Neu Sandez als Jüdin entlarvt und angegriffen wurde. Sie verschwieg dieses Geheimnis jedoch bis nach dem Tod ihres Ehemanns. Dann allerdings teilte sie dies ihren Nachkommen mit. Als auch Enkel Thomas von dieser Tatsache hörte, begann er, sein persönliches jüdisches Erbe anzunehmen – und seine Großmutter zu veranlassen, zu ihrer ursprünglichen und ihrer unbewussten Religion zurückzukehren.

Eine zweite Entdeckung von Rabbiner Avi Baumol fand in Krakau statt. Hier stieß er auf Emmanuel Elbinger, 85, sowie auf dessen Enkelin Magda. Gebürtig war Elbinger in dem abgelegenen Dorf Nova Jasko. Dort gab es weder fließendes Wasser noch Elektrizität. Wenige Juden lebten hier. Nach dem Tod von Emmanuel Elbingers Vater war die Mutter für die Erziehung und den Unterhalt ihrer Kinder verantwortlich. Als der Mutter klar wurde, dass die Naziarmee sich auch ihrem kleinen Dorf näherte, nahm sie das ihr verbleibende Geld und die Wertsachen und versteckte diese an den verschiedensten Orten. Sie musste vorsichtig sein: Die Bevölkerung war den jüdischen Mitbürgern nicht wohlgesonnen und der ältere Pfarrer war ausgesprochen antisemitisch.

Glücklicherweise übernahm ein neuer Priester nach dem Ableben seines Vorgängers dessen Posten. Er hegte seinerseits große Sympathie für die Juden und verbarg die Familie nach dem Einfall der Deutschen. Einmal kam die Mutter totenblass nach Hause: „Kinderlach, es ist alles vorbei – wir müssen uns im Keller des Konvents verstecken!" Als sie sich aber eines Tages aus Platzangst im Hof des Konvents aufhielt, wurde sie von einer Nachbarin entdeckt und musste zusammen mit ihren Kindern aus Nova Jasko fliehen.

Mutter Elbinger fand eine baufällige Hütte in einem Nachbardorf, in der eine arme Familie wohnte, die gegen Bezahlung und aus Mitleid die jüdische Familie aufnahm. Frau Elbinger unternahm Ausflüge in die Nachbarschaft, um Lebensmittel zu erwerben. Eines Tages kehrte sie nicht mehr zurück. Die arme Familie nahm sich der Waisen an, adoptierte sie und erzog sie im katholischen Glauben.

Emmanuel Elbinger berichtete dem Rabbiner, dass die Kinder das Gedächtnis an ihren ehemaligen jüdischen Glauben immer mehr verdrängten und besonders während der kommunistischen Regierung sich nicht als Juden bekennen wollten. Als die Enkeltochter Magda diese Erzählung zu hören bekam, machte sie es sich zur Aufgabe, ihren Großvater zu seinem Kindheitsglauben zurückzuführen. Magda war für das jüdische Gemeindezentrum tätig, war jedoch nie jüdischen Glaubens und war als Christin aufgewachsen. Dieser neuen Aufgabe unterzog sie sich, nachdem sie Auschwitz besucht und die Tragödie in allen Details in sich aufgenommen hatte. Emmanuel Elbinger sagte zu Rabbiner Avi Baumol: „Ich hatte vorher niemandem erzählt, dass ich als Jude geboren war, aber nachdem meine Enkelkinder mich auszufragen begannen, gab ich es zu und mit Magdas Hilfe kehrte ich zum Judentum zurück." Magda weiß im Augenblick nicht, zu welcher Religion sie sich hin-

gezogen fühlt, absolviert indes zusammen mit ihrem Großvater einen Lehr-
gang über Judentum. Der Großvater freilich sagt: „Ich versuche, die verlorene Zeit innerhalb meines Lebens wettzumachen."[2]

Als letzte Episode sei ein Beispiel angeführt, das sich aus einer neuen
Bekanntschaft in Detroit ergab. Shana Glickfield führt eine Public Rela-
tions Firma, die sich besonders darauf konzentriert, Mitglieder des amerikanischen Kongresses zu informieren. Sie ist, wie sie berichtet, ebenfalls
sehr aktiv im Gedenken an den Holocaust. Sie schrieb mir[3]: „The older I
get (I'm turning 40 this year), the more urgency I feel in making Holocaust
remembrance a part of my identity ...". („Je älter ich werde, ich werde dieses Jahr 40, umso dringender stellt sich bei mir der Wunsch ein, das An-
denken an den Holocaust zu einem Teil meiner Identität zu machen ...").
„Am Holocaust-Gedenktag machte ich deshalb eine Aufnahme von meiner
Großmutter, einer Überlebenden von Auschwitz, und mir und postete diese
auf Facebook."

Shana Glickfield war von der Anzahl der Respondenten überrascht. Was
sie aber noch mehr überraschte, waren die Kommentare ihrer Facebook-
Freunde. Diejenigen der jüdischen Freunde waren eher allgemein gehalten
wie etwa „Love! She should be friends with my Grandma who lives in Del-
ray." (Ich führe das auf die langjährige Vertrautheit mit der Historie des Holocausts zurück.) Shanas nichtjüdische Bekannten sandten ihr allerdings
weit überlegtere und tiefgehendere Kommentare zu. Sie zitiert ein halbdut-
zend Beispiele, die ich hier zum Teil wiedergebe: „Thanks for the reminder
that what many think is just ‚history' is really still a reality for so many
people." („Dank Dir für die Erinnerung daran, dass die Tatsachen, die für
viele einfach ‚Geschichte' darstellen, für so viele andere immer noch Realität sind.") Oder aber die Aufforderung: „Capture her stories! Celebrate life
with her!" („Bewahre ihre Erzählungen auf und feiere das Leben mit ihr!")

Vielleicht kann man die Wechselbeziehung zwischen erster und dritter
Generation so zusammenfassen, wie es von der Teilnehmerin Dr. Dubravka
Švob Štrac auf dem Kongress der Jewish Child Survivors im August 2014
in Berlin dargestellt wurde: „I was really glad to see so many participants
from 2nd and even from the 3rd generation of Holocaust survivors, ex-
changing their experiences and views. Hearing from them the same, but yet

Shana Glickfield shared her photo.
January 27 · Edited · ◉ ▾

Re-sharing this recent photo of me and my Bubbie (now 92) who was
liberated in 1945 from Auschwitz. Her and my Zadie (died in 1993) survived
five camps and lost a total of 11 siblings. #NeverForget
#HolocaustMemorialDay

Shana Glickfield

Taking selfies with my 90 year old grandma! #DelBocaVista

Like · Comment · Share · 👍 245 💬 37

Shana Glickfield postete ein „Selfie" mit ihrer Großmutter
auf Facebook und erhielt darauf viele Kommentare

Allyson K Hi Bubbie.
January 27 at 8:13pm · Unlike · 👍 2

 Molly Lovett Reitter Beautiful! Just beautiful ☺
January 27 at 8:17pm · Unlike · 👍 1

 Molly Nichelson God bless your Grandma and your family, Lovely photo, hon.
☺
January 27 at 8:23pm · Unlike · 👍 1

 Lisa Beth Goldstein Amazing!
January 27 at 8:25pm · Unlike · 👍 1

 Amy Morse wow.
January 27 at 8:28pm · Unlike · 👍 1

 Vanessa French Wow, what an amazing story. Bless Bubbie for sure!
January 27 at 8:28pm · Unlike · 👍 1

 **Tracy Russo** Love! She should be friends with my Grandma who lives in Delray!
January 27 at 8:29pm · Unlike · 👍 1

 Joy Love Beautiful! I see you and Sandy in her! Love Bubbies!💟
January 27 at 8:31pm · Unlike · 👍 1

 Shana Glickfield Tracy She used to rock North Miami Beach, but moved to Scottsdale a few years ago. ☺
January 27 at 8:31pm · Like · 👍 3

 Tracy Russo Shana: Dry heat is better than humidity. I get that.
January 27 at 8:32pm · Unlike · 👍 1

 Michele Eaves Burgess Amazing Life Story and your Bubbie is beautiful!
January 27 at 8:33pm · Unlike · 👍 1

 Jill M. Foster Infinite hearts
January 27 at 8:41pm · Unlike · 👍 1

 Carol Votto YOU, Shana, must write the book......
January 27 at 9:04pm · Unlike · 👍 2

 Jessica Bates 💟 🎶
January 27 at 9:08pm · Unlike · 👍 1

 Hastie K. Afkhami What a blessing that you get to take a selfie with her!!
January 27 at 9:09pm · Unlike · 👍 1

 Dan Howells Thanks for the reminder that what many think is just "history" is really still a reality for so many people
January 27 at 9:13pm · Unlike · 👍 2

 Jules Polonetsky #neverforget

different stories, sharing with them our past, present and hopefully the future, I finally felt as a part of this unique chain that we have to continue." („Ich war beglückt, dass so viele Teilnehmer aus der zweiten und sogar aus der dritten Generation zugegen waren, die ihre Erfahrungen und Anschauungen austauschten. Was ich von ihnen hörte, waren die gleichen, aber doch voneinander abweichenden Erzählungen. Sie teilten mit uns unsere Vergangenheit, Gegenwart und, wie ich hoffe, unsere Zukunft. Ich fühlte mich schließlich als Teil einer einzigartigen Kette, die wir weiterführen müssen."[4]

Ich möchte hinzufügen: Die Impulse, die durch die Glieder dieser Kette strömen, gehen sowohl vorwärts als auch rückwärts.

ANHANG

ANMERKUNGEN
LITERATUR
AUTOREN
ORTS- UND PERSONENREGISTER
BILDNACHWEIS

ANMERKUNGEN

Paula Lutum-Lenger: Einführung

1 Lustiger, Gila: So sind wir, Berlin 2005, S. 68.
2 Guez, Olivier: Heimkehr der Unerwünschten. Eine Geschichte der Juden in Deutschland nach 1945, München 2011, S. 90.

Olivier Guez: Die dritte Generation in Deutschland und die Heimkehr der Unerwünschten

1 Guez, Olivier: L'impossible retour: Un histoire des juifs en Allemagne depuis 1945, Paris 2007.
2 Schindel, Robert: Gebürtig, Frankfurt am Main 1992.

Joachim Süss: Der lange Schatten unserer Vergangenheit – Über das transgenerationale Erbe der Nachkriegsgenerationen in Deutschland

1 Hagemeister, Karin: „Sei brav, Mutti hat schon genug Schlimmes durchgemacht!", in: Brigitte Woman 6 (2015), S. 106-111.
2 Ebd., S. 108.
3 Ebd., S. 110.
4 Süss, Joachim: Was sind Kriegsenkel?, siehe: www.dr-joachim-suess.de s. v. Projekte.

5 Ebd.

6 Ebd.

7 Orback, Jens: Schatten auf meiner Seele. Ein Kriegsenkel entdeckt die Geschichte seiner Familie, Freiburg im Breisgau 2015.

8 So Sabine Bode mündlich in einem Gespräch mit dem Autor im Jahr 2014.

9 www.kriegsenkel.de

10 Vgl. Senfft, Alexandra: Lasten der Vergangenheit – Chancen für die Zukunft, in: Süss, Joachim, Schneider, Michael (Hg.): Nebelkinder. Kriegsenkel treten aus dem Traumaschatten der Geschichte, Berlin 2015, S. 108-124.

11 Glotz, Peter: Die Vertreibung. Böhmen als Lehrstück, Berlin 2007 (2. Aufl.), bes. S. 225 ff.

12 Kalckhoff, Andreas (Hg.): Versöhnung durch Wahrheit. Der Fall „Postelberg" und seine Bewältigung 1945-2010, Deutsch-Tschechisch, Stuttgart 2013.

13 Radebold, Hartmut, Bohleber, Werner, Zinnecker, Jürgen (Hg.): Transgenerationale Weitergabe kriegsbelasteter Kindheiten. Interdisziplinäre Studien zur Nachhaltigkeit historischer Erfahrungen über vier Generationen, Weinheim und München 2008.

14 Süss, Joachim: Wir Nebelkinder, in: Süss, Joachim, Schneider, Michael (Hg.): Nebelkinder. Kriegsenkel treten aus dem Traumaschatten der Geschichte, Berlin 2015, S. 26-41.

15 Artikel „Psychische Belastung wirkt sich auf die Enkel aus", in: Die Welt, 7.12.2013.

16 Hagemeister, „Sei brav", S. 108.

17 Vgl. Hilbk, Merle: Das schönste Dorf am schönsten Fluss der Erde, in: Süss, Joachim, Schneider, Michael (Hg.): Nebelkinder. Kriegsenkel treten aus dem Traumaschatten der Geschichte, Berlin 2015, S. 42-52, hier S. 47 f.

18 Hagemann, Steffen, Nathanson, Roby: Deutschland und Israel heute – Verbindende Vergangenheit, trennende Gegenwart, Gütersloh 2015, mit einem Kommentar von Dan Diner. Siehe: www.bertelsmann-stiftung.de/de/publikationen/publikation/did/deutschland-und-israel-heute/

19 Vgl. Süss, Was sind Kriegsenkel?

Cornelia Blasberg: Die dritte Generation und die Literatur

1 Die in Berlin lebende Autorin Tanja Dückers ist 1968 geboren, der klassische Philologe Daniel Mendelsohn 1960 in New York.

2 Schneider, Christian: Der Holocaust als Generationenobjekt, in: Mittelweg 36 (2004), S. 56-73.

3 Pyper, Jens Fabian (Hg.): „Uns hat keiner gefragt". Positionen der dritten Generation zur Bedeutung des Holocaust, Berlin 2002.

4   Frieden, Kirstin: Neuverhandlungen des Holocaust. Mediale Transformationen des Gedächtnisparadigmas, Bielefeld 2014.

5   Levy, Daniel, Sznaider, Nathan: Erinnerung im globalen Zeitalter: Der Holocaust, Frankfurt am Main 2001.

6   Assmann, Jan: Das kulturelle Gedächtnis. Schrift, Erinnerung und politische Identität in frühen Hochkulturen, München 1992; Assmann, Aleida: Erinnerungsräume. Formen und Wandlungen des kulturellen Gedächtnisses, München 1999. Zusammenfassungen bei Erll, Astrid: Kollektives Gedächtnis und Erinnerungskulturen. Eine Einführung, Stuttgart 2005.

7   Rosenthal, Gabriele (Hg.): Der Holocaust im Leben von drei Generationen. Familien von Überlebenden der Shoah und von Nazi-Tätern, Gießen 1997.

8   Welzer, Harald, Moller, Sabine, Tschuggnall, Karoline: „Opa war kein Nazi". Nationalsozialismus und Holocaust im Familiengedächtnis, Frankfurt am Main 2002.

9   Dückers, Tanja: Himmelskörper, Berlin 2003, S. 318.

10   Mendelsohn, Daniel: Die Verlorenen. Eine Suche nach sechs von sechs Millionen. Deutsch von Eike Schönfeld. Fotografien von Matt Mendelsohn, Köln 2010, S. 451. Statt „Großvater" müsste es eigentlich „Großonkel" heißen, denn es ist Shmiel Jäger gemeint.

11   Ebd., S. 582.

12   Ebd., S. 587 ff.

13   Ebd., S. 591.

14   Ebd., S. 588.

15   Ebd., S. 529 f.

16   Ebd., S. 596.

17   Ebd., S. 616.

18   Ebd., S. 80, 83.

Yascha Mounk: Ein junger Jude aus Laupheim – Fremd im eigenen Land

1   Dieses Zitat und die folgenden von White, Elwyn B.: Here Is New York, New York 2011, S. 25-27. Die deutsche Übersetzung des Essays stammt aus: Langer, Freddy, Hamann, Horst: Absolute New York, Mannheim 2014, S. 17.

2   Mounk, Yascha: Stranger In My Own Country – A Jewish Family in Modern Germany, New York 2014.

Guy Stern: Drei Generationen im Gespräch

1   Granot, Aharon: „Hearts of the Fathers", in: Mishpacha – Jewish Family Weekly, Nr. 552, 18.3.2015, [S. 43]-47, S. 50-51 (Seitenzahlen nur sporadisch angegeben).

2   Granot, „Hearts of the Fathers", S. 45 f.

3   Glickfield, Shana: E-Mail an mich vom 18.5.2015.

4   Švob Štrac, Dubravka: Three Generations in Berlin, in: Mishpocha – A Link among Survivors around the World (Special Issue), 30.3.2015, S. 1 (diese Zeitschrift ist mit der in Anm. 1 nicht identisch).

LITERATUR

Assmann, Aleida: Erinnerungsräume. Formen und Wandlungen des kulturellen Gedächtnisses, München 1999.

Assmann, Jan: Das kulturelle Gedächtnis. Schrift, Erinnerung und politische Identität in frühen Hochkulturen, München 1992.

Ben-Natan, Ahser, Hansen, Niels (Hg.): Israel und Deutschland – Dorniger Weg zur Partnerschaft. Die Botschafter berichten über vier Jahrzehnte diplomatische Beziehungen (1965-2005), Köln, Weimar, Wien 2005. Darin Dreßler, Rudolf.

Blasberg, Cornelia: Geschichtserfahrung im Spiegel der Literatur (Hg.), Tübingen 2000.

Blasberg, Cornelia: Erinnern des Holocaust? Eine neue Generation sucht Antworten, Hg. mit Birkmeyer, Jens, Bielefeld 2006.

Bode, Sabine: Kriegsenkel – Die Erben der vergessenen Generation, Stuttgart 2009.

Dreßler, Rudolf: Gesicherte Existenz Israels – Teil der deutschen Staatsräson, in: Das Parlament, Beilage: Aus Politik und Zeitgeschichte, April 2005.

Dückers, Tanja: Himmelskörper, Berlin 2003.

Erll, Astrid: Kollektives Gedächtnis und Erinnerungskulturen. Eine Einführung, Stuttgart 2005.

Frieden, Kirstin: Neuverhandlungen des Holocaust. Mediale Transformationen des Gedächtnisparadigmas, Bielefeld 2014.

Glotz, Peter: Die Vertreibung. Böhmen als Lehrstück, Berlin 2007 (2. Aufl.).

Granot, Aharon: „Hearts of the Fathers", in: Mishpacha – Jewish Family Weekly, Nr. 552, 18.3.2015, [S. 43]-51.

Guez, Olivier: L'impossible retour: Un histoire des juifs en Allemagne depuis 1945, Paris 2007.

Guez, Olivier: Heimkehr der Unerwünschten. Eine Geschichte der Juden in Deutschland nach 1945, München 2011.

Hagemann, Steffen, Nathanson, Roby: Deutschland und Israel heute – Verbindende Vergangenheit, trennende Gegenwart, Gütersloh 2015, mit einem Kommentar von Dan Diner.

Hagemeister, Karin: „Sei brav, Mutti hat schon genug Schlimmes durchgemacht!", in: Brigitte Woman 6 (2015), S. 106-111.

Hilbk, Merle: Das schönste Dorf am schönsten Fluss der Erde, in: Süss, Joachim, Schneider, Michael (Hg.): Nebelkinder. Kriegsenkel treten aus dem Traumaschatten der Geschichte, Berlin 2015, S. 42-52.

Kalckhoff, Andreas (Hg.): Versöhnung durch Wahrheit. Der Fall „Postelberg" und seine Bewältigung 1945-2010, Deutsch-Tschechisch, Stuttgart 2013.

Kron, Norbert, Shalev, Amichai (Hg.): Wir vergessen nicht, wir gehen tanzen. Israelische und deutsche Autoren schreiben über das andere Land, Bonn 2015.

Langer, Freddy, Hamann, Horst: Absolute New York, Mannheim 2014.

Levy, Daniel, Sznaider, Nathan: Erinnerung im globalen Zeitalter: Der Holocaust, Frankfurt am Main 2001.

Lustiger, Gila: So sind wir, Berlin 2005.

Mendelsohn, Daniel: Die Verlorenen. Eine Suche nach sechs von sechs Millionen. Deutsch von Eike Schönfeld. Fotografien von Matt Mendelsohn, Köln 2010.

Mounk, Yascha: Stranger In My Own Country – A Jewish Family in Modern Germany, New York 2014.

Mounk, Yascha: Echt, du bist Jude? – Fremd im eigenen Land, Zürich 2015.

Ohana, Katharina: Ich, Rabentochter, München 2013.

Orback, Jens: Schatten auf meiner Seele. Ein Kriegsenkel entdeckt die Geschichte seiner Familie, Freiburg im Breisgau 2015.

Piontek, Susanna: Facetten und Annäherungen – Persönliche Eindrücke und subjektive Erfahrungen in den USA mit älteren Jüdinnen und Juden, in: „Ich glaube an das Alter, lieber Freund" – Vom Älterwerden und Alter (nicht nur) im Judentum, Hg. Haus der Geschichte Baden-Württemberg, Heidelberg 2013 (Laupheimer Gespräche 2012), S. 133-149.

Psychische Belastung wirkt sich auf die Enkel aus, in: Die Welt, 7.12.2013.

Pyper, Jens Fabian (Hg.): „Uns hat keiner gefragt". Positionen der dritten Generation zur Bedeutung des Holocaust, Berlin 2002.

Radebold, Hartmut, Bohleber, Werner, Zinnecker, Jürgen (Hg.): Transgenerationale Weitergabe kriegsbelasteter Kindheiten. Interdisziplinäre Studien zur Nachhaltigkeit historischer Erfahrungen über vier Generationen, Weinheim und München 2008.

Rosenthal, Gabriele (Hg.): Der Holocaust im Leben von drei Generationen. Familien von Überlebenden der Shoah und von Nazi-Tätern, Gießen 1997.

Schindel, Robert: Gebürtig, Frankfurt am Main 1992.

Schneider, Christian: Der Holocaust als Generationenobjekt, in: Mittelweg 36 (2004), S. 56-73.

Senfft, Alexandra: Lasten der Vergangenheit – Chancen für die Zukunft, in: Süss, Joachim, Schneider, Michael (Hg.): Nebelkinder. Kriegsenkel treten aus dem Traumaschatten der Geschichte, Berlin 2015, S. 108-124.

Süss, Joachim, Schneider, Michael (Hg.): Nebelkinder. Kriegsenkel treten aus dem Traumaschatten der Geschichte, Berlin 2015.

Süss, Joachim: Wir Nebelkinder, in: Süss, Joachim, Schneider, Michael (Hg.):
Nebelkinder. Kriegsenkel treten aus dem Traumaschatten der Geschichte, Berlin 2015,
S. 26-41.

Süss, Joachim: Was sind Kriegsenkel? (www.dr-joachim-suess.de s. v. Projekte).

Švob Štrac, Dubravka: Three Generations in Berlin, in: Mishpocha – A Link among
Survivors around the World (Special Issue), 30.3.2015.

Ustorf, Anne-Ev: Wir Kinder der Kriegskinder – Die Generation im Schatten des Zweiten
Weltkriegs, München 2008.

Welzer, Harald, Moller, Sabine, Tschuggnall, Karoline: „Opa war kein Nazi".
Nationalsozialismus und Holocaust im Familiengedächtnis, Frankfurt am Main 2002.

White, Elwyn B.: Here Is New York, New York 2011.

Websites

www.bertelsmann-stiftung.de/de/publikationen/publikation/did/deutschland-und-israel-
heute/

www.kriegsenkel.de

AUTOREN

Blasberg, Cornelia: Prof. Dr. Jahrgang 1955. Studium der Germanistik und Politikwissenschaft in Marburg und Tübingen. Promotion 1983. Wissenschaftliche Mitarbeiterin im Deutschen Literaturarchiv Marbach 1984 bis 1987. Habilitation 1996. Professorin für neuere deutsche Literatur in Münster.

Publikationen, eine Auswahl:

Erinnern des Holocaust? Eine neue Generation sucht Antworten, Hg. mit Birkmeyer, Jens, Bielefeld 2006.

Denken, Schreiben in der Krise – Existentialismus und Literatur, Hg. mit Deiters, Franz-Josef, St. Ingbert 2004.

Geschichtserfahrung im Spiegel der Literatur (Hg.), Tübingen 2000.

Karl Wolfskehl. Gedichte – Essays – Briefe (Hg.), Frankfurt am Main 1999.

Erschriebene Tradition. Adalbert Stifter oder Das Erzählen im Zeichen verlorener Geschichten, Freiburg im Breisgau 1998.

Harry Graf Kessler. Gesammelte Schriften in drei Bänden, Hg. und kommentiert von Blasberg, Cornelia, Schuster, Gerhard, 3 Bände, Frankfurt am Main 1988.

Forschungsschwerpunkte:

Literatur und Kultur des 19. Jahrhunderts, Literatur um 1900, jüdische Literatur, Gedächtnispoetik nach 1945, postmoderner Geschichtsdiskurs und Literatur.

http://www.uni-muenster.de/Germanistik/Lehrende/blasberg_c/

Dreßler, Rudolf: Jahrgang 1940. 1969 Eintritt in die SPD. Von 1984 bis 2000 im Parteivorstand und ab 1991 im Präsidium. Von 1980 bis 2000 Bundestagsabgeordneter und ab 1987 stellvertretender Fraktionsvorsitzender. 1982 bis zum Ende der sozialliberalen Koalition Parlamentarischer Staatssekretär beim Bundesminister für Arbeit und Sozialordnung. Von 2000 bis 2005 deutscher Botschafter in Israel. Lebt seit 2005 in Königswinter bei Bonn.

Publikationen, eine Auswahl:
Gesicherte Existenz Israels – Teil der deutschen Staatsräson, in: Das Parlament, Beilage: Aus Politik und Zeitgeschichte, April 2005.
Israel und Deutschland – Dorniger Weg zur Partnerschaft. Die Botschafter berichten über vier Jahrzehnte diplomatische Beziehungen (1965-2005), Köln, Weimar, Wien 2005 (Hg. Ben-Natan, Ahser, Hansen, Niels).

Guez, Olivier: Jahrgang 1974. Schriftsteller und Drehbuchautor von „Der Staat gegen Fritz Bauer". Als Journalist schreibt er unter anderem für „Le Point", „The New York Times" und „Le Monde". Von 2005 bis 2009 lebte er in Berlin, heute lebt und arbeitet er in Paris.

Publikationen, eine Auswahl:
Heimkehr der Unerwünschten. Eine Geschichte der Juden in Deutschland nach 1945, München 2011.
Die Mauer fällt – Ein Tatsachenroman, München 2009.

www.olivierguez.com

Lutum-Lenger, Paula: Prof. Dr. Jahrgang 1957. Studium der Volkskunde, Soziologie, Publizistik, Vor- und Frühgeschichte und Promotion in Münster. Seit 1989 Ausstellungs- und Sammlungsleiterin und stellvertretende Leiterin des Hauses der Geschichte Baden-Württemberg in Stuttgart. Honorarprofessorin am Historischen Seminar der Universität Tübingen.

Zahlreiche Ausstellungen zur südwestdeutschen Landesgeschichte sowie museologische und landesgeschichtliche Veröffentlichungen.

Mounk, Yascha: Jahrgang 1982. Freier Publizist, Dozent für politische Theorie an der Harvard University, Cambridge. 2015 promovierte er an der Harvard University über „The Age of Responsibility: The Role of Choice, Luck and Personal Responsibility in Contemporary Politics and Philosophy".

Yascha Mounk ist Mitbegründer des Debattenmagazins „The Utopian" und schreibt unter anderem für die „New York Times", das „Wall Street Journal", „Foreign Affairs" und „Die Zeit".

2014 erschien in den USA sein Buch „Stranger In My Own Country – A Jewish Family in Modern Germany" über das Aufwachsen als jüdischer Deutscher. Die Publikation fand große Aufmerksamkeit in den US-amerikanischen und deutschen Medien und wurde im Herbst 2015 auf deutsch veröffentlicht unter dem Titel „Echt, du bist Jude? – Fremd im eigenen Land". Gemeinsam mit seinem Kollegen Thomas Meaney publizierte Yascha Mounk in der Wochenzeitschrift „The Nation" einen viel beachteten Essay über die Zukunft der Demokratie.

www.yaschamounk.com

Piontek, Susanna: Jahrgang 1963. Studierte Sprachlehrforschung, Amerikanistik und Geschichte an der Ruhruniversität Bochum. Ausbildung an einer Journalistenschule als Rundfunkredakteurin. Langjährige Arbeit im wissenschaftlichen und journalistischen Bereich. Seit 2006 als freie Autorin in den USA. Lesungen an Universitäten und Schulen, in Buchhandlungen und Bibliotheken sowie auf Einladung jüdischer bzw. christlich-jüdischer Organisationen in Deutschland und den USA.

Auszeichnung:
Preisträgerin des SCALG Lisa und Robert Kahn-Lyrikpreis 2015

Publikationen, eine Auswahl:
Zahlreiche Kurzgeschichten, Lyrik und Buchrezensionen in diversen Anthologien und Zeitschriften in Deutschland, den USA, Albanien und Israel.
Hauptwerk: Rühlings Erwachen und andere Geschichten, Potsdam 2005. In englischer Übersetzung unter dem Titel: Have we possibly met before? And other stories, Ames (Iowa) 2011.
Mein persönlicher Feiertag – Die Geschichte einer Konversion, in: Jüdische Feste – gelebter Glaube, Hg. Haus der Geschichte Baden-Württemberg, Heidelberg 2012 (Laupheimer Gespräche 2010), S. 111-126.
Facetten und Annäherungen – Persönliche Eindrücke und subjektive Erfahrungen in den USA mit älteren Jüdinnen und Juden, in: „Ich glaube an das Alter, lieber Freund" – Vom Älterwerden und Alter (nicht nur) im Judentum, Hg. Haus der Geschichte Baden-Württemberg, Heidelberg 2013 (Laupheimer Gespräche 2012), S. 133-149.

www.susannapiontek.net

Schnabel, Thomas: Prof. Dr. Jahrgang 1952. Studierte Geschichte, Germanistik und Politikwissenschaften in Freiburg und promovierte über „Württemberg zwischen Weimar und Bonn 1928-1945/46". Seit 1989 Leiter des Hauses der Geschichte Baden-Württemberg in Stuttgart. Honorarprofessor am Historischen Seminar der Universität Heidelberg.

Zahlreiche Veröffentlichungen vor allem zur Landesgeschichte in Südwestdeutschland im 19. und 20. Jahrhundert.

Stern, Guy: Prof. Dr. Dr. h. c. Jahrgang 1922. Direktor des International Institute of the Righteous, Holocaust Memorial Center in Farmington Hills (Michigan). 1937 Emigration in die USA. Studium der Romanistik und Germanistik an der St. Louis University, am Hofstra College, Hempstead, New York und an der Columbia University, New York; 1953 Promotion. Lehraufträge an den Universitäten Columbia, Denison, Cincinnati, Maryland. In Cincinnati auch Universitätsdekan; seit 1978 Distinguished Professor for German Studies, Wayne State University, Detroit. 1972 bis 1974 Präsident der American Association of Teachers of German. Gastprofessuren an den Universitäten Freiburg, Frankfurt am Main, Leipzig, Potsdam und München.

Auszeichnungen:
Zahlreiche Auszeichnungen und Ehrungen, unter anderem Goethe Medaille, Großes Bundesverdienstkreuz und Ehrenbürgerwürde der Stadt Hildesheim.

Publikationen:
Zahlreiche Publikationen zur deutschen Exilliteratur und zur Komparatistik. Hauptarbeitsgebiete sind Exilliteratur, Bertolt Brecht, Kurt Weill, Aufklärung.

www.holocaustcenter.org

Süss, Joachim: Dr. theol. Jahrgang 1961. Evangelischer Theologe und Religionswissenschaftler, Autor und Herausgeber. Er unterrichtete an verschiedenen Universitäten und Bildungseinrichtungen und war in verantwortlicher Position für das Thüringer Kultusministerium tätig. Joachim Süss ist Vorstandsmitglied im Verein Kriegsenkel e. V.

Publikationen:
Zahlreiche Bücher und Beiträge zu religionskulturellen und zeitgeschichtlichen Themen. Zuletzt erschienen: Nebelkinder. Kriegsenkel treten aus dem Traumaschatten der Geschichte, Berlin 2015 (Hg. mit Schneider, Michael).

www.dr-joachim-suess.de

ORTSREGISTER

PERSONENREGISTER

BILDNACHWEIS

ZU IHRER INFORMATION

- HAUS DER GESCHICHTE
BADEN-WÜRTTEMBERG

- MUSEUM ZUR GESCHICHTE VON
CHRISTEN UND JUDEN, LAUPHEIM

- LAUPHEIMER GESPRÄCHE –
TAGUNG UND PUBLIKATIONSREIHE

- FREUNDESKREIS DES MUSEUMS
ZUR GESCHICHTE VON CHRISTEN
UND JUDEN IN LAUPHEIM

Haus der Geschichte Baden-Württemberg

SCHÖNE AUSSICHTEN – GESCHICHTE ALS ERLEBNISRAUM

Spannende Begegnungen mit Landesgeschichte in modernster Architektur? Dass dies möglich ist, belegt das Haus der Geschichte Baden-Württemberg schon von außen eindrucksvoll. Seine außergewöhnliche Optik an der Stuttgarter Kunst- und Museumsmeile mit überraschenden Ein- und Durchblicken fällt ins Auge und lockt den Besucher auf eine Zeitreise ins Innere. Spätestens wenn man das neugierig machende, augenzwinkernde „Baden-Württemberg-ABC" passiert hat, wird klar: Hier geht es um eine ganz besondere Annäherung an Landesgeschichte.

AUS DEM RAHMEN FALLEN

Die Dauer- und Wechselausstellungen im Haus der Geschichte Baden-Württemberg visualisieren Geschichte als lebendigen Erlebnisort. Originalobjekte, Filme, Tonaufnahmen, Fotos und interaktive Stationen gehen in spannenden Inszenierungen eine Wechselwirkung ein. So erhalten alle Ausstellungen des Hauses eine ganz eigene Prägung: Raum, Thema und Objekte verschmelzen zu einer wirkungsvollen Einheit und erlauben ungewohnte Sichtweisen.

SCHNELLKURS IM STAUNEN

Nicht nur gestalterisch fällt das Haus der Geschichte Baden-Württemberg aus dem Rahmen, auch thematisch gehen seine Ausstellungen besondere Wege. Die Geschichte Südwestdeutschlands von 1790 bis heute wird anhand von Einzelschicksalen, der Alltagshistorie und der großen Landespolitik im wahrsten Sinne des Wortes bildhaft. Von Napoleon bis zum Stuttgart-21-Bauzaun bringen einen mehr als 200 Jahre Landesgeschichte zum Staunen. Dem chronologischen Gang durch die Zeiten folgen faszinierende Themenräume wie „Schwarzwald", „Migration" oder „Haus Europa". 2014 wurde die Abteilung „Weltkriege und Zwischenkriegszeit 1914 bis 1945" neu eröffnet. Seit Frühjahr 2016 zeigt die neue Ausstellungsabteilung „Haus Europa", welche Bedeutung Europa für das Leben der Menschen in Baden-Württemberg in den vergangenen gut 200 Jahren hatte und heute noch hat.

GANZ SCHÖN VIEL LOS

Ein umfangreiches Begleitprogramm vertieft die Themen und garantiert einen kreativen Zugang zur Landeskunde für junge wie für ältere Besucher. Geschichte neu erleben – das Haus der Geschichte Baden-Württemberg steht dafür.

INFORMATIONEN

Haus der Geschichte Baden-Württemberg
Ausstellungsgebäude: Konrad-Adenauer-Str. 16, 70173 Stuttgart
Verwaltung: Urbansplatz 2, 70182 Stuttgart
Tel.: 0711 / 212 39 50, Fax: 0711 / 212 39 59
E-Mail: hdg@hdgbw.de
www.hdgbw.de
Besucherdienst: besucherdienst@hdgbw.de
Spezielle Angebote für Kinder und Jugendliche: www.hdgbw.de/termine/kids/

Museum zur Geschichte von Christen und Juden, Laupheim

Einst beheimatete das oberschwäbische Laupheim eine der größten jüdischen Gemeinden Württembergs. Über zweihundert Jahre lang prägte das Neben-, Mit- und Gegeneinander von Christen und Juden diesen Ort. Christliche wie jüdische Laupheimer hatten maßgeblichen Anteil an der Stadtentwicklung und engagierten sich gleichermaßen im wirtschaftlichen, politischen und gesellschaftlichen Geschehen der Gemeinde und weit darüber hinaus.

Die wechselvolle Beziehungsgeschichte von christlicher Mehrheit und jüdischer Minderheit ist Thema einer Dauerausstellung, die das Haus der Geschichte Baden-Württemberg für Laupheim erarbeitet hat. Diese bislang einzigartige Konzeption zeichnet in Schloss Großlaupheim die zentralen Entwicklungslinien der deutsch-jüdischen Geschichte nach und veranschaulicht am Beispiel Laupheims die verschiedenen Etappen des Zusammenlebens. Dabei reicht die Zeitspanne von den Anfängen der jüdischen Gemeinde im 18. Jahrhundert bis in die Zeit nach 1945.

Bilderreich und anschaulich nacherzählte Biographien dokumentieren beispielhaft schicksalsreiche Lebenswege. So verwirklichte der gebürtige Laupheimer Carl Laemmle (1867-1939) den amerikanischen Traum vom Laufburschen zum erfolgreichen Geschäftsmann: Er ging nach Hollywood, gründete die berühmten Universal-Studios und schrieb damit Filmgeschichte.

Der beeindruckende wirtschaftliche und soziale Aufstieg einer jüdischen Unternehmerfamilie spiegelt sich besonders in der Geschichte der Steiners wider. Ihre Firmengründungen trugen maßgeblich zur wirtschaftlichen Entwicklung nicht nur Laupheims bei. Kilian von Steiner (1833-1903), der berühmteste Exponent dieser Familie, tat sich in besonderem Maße als Bankier, Industrieller und Mäzen im Königreich Württemberg hervor.

Entrechtung und Verfolgung der Juden setzten unmittelbar nach der Machtübernahme der Nationalsozialisten ein. Das Dritte Reich zerstörte die christlich-jüdische Koexistenz: Am 19. August 1942 hörte die jüdische

Gemeinde in Laupheim auf zu existieren. Damals wurden die letzten Juden aus Laupheim abtransportiert, viele waren schon in den Jahren zuvor geflohen.

Der schwierigen Annäherung von Christen und Juden nach 1945 widmet sich das Museum gleichermaßen. Trotz überaus leidvoller Erfahrungen nahmen einige Laupheimer Juden wieder Verbindung mit ihren einstigen christlichen Nachbarn auf: Wiederbegegnung und Erinnerung an die gemeinsame Geschichte weisen den Weg in die Zukunft.

INFORMATIONEN

Museum zur Geschichte von Christen und Juden, Laupheim
Schloss Großlaupheim
Claus-Graf-Stauffenberg-Straße 15
88471 Laupheim
Tel.: 07392 / 968 000, Fax: 07392 / 968 00 18
E-Mail: museum@laupheim.de
www.museum-laupheim.de

Träger: Stadt Laupheim
Konzeption: Haus der Geschichte Baden-Württemberg

Laupheimer Gespräche – Tagung und Publikationsreihe

Einmal im Jahr finden sich internationale Gäste in Schloss Großlaupheim zu einer Tagung zusammen, die vom Haus der Geschichte Baden-Württemberg konzipiert und von der Stadt Laupheim organisatorisch unterstützt wird. Diese Veranstaltung steht allen Interessierten offen.

Die Beiträge der Laupheimer Gespräche werden vom Haus der Geschichte Baden-Württemberg herausgegeben. Die Bände dieser Reihe erscheinen seit 2003 im Universitätsverlag Winter, Heidelberg, und sind im Haus der Geschichte Baden-Württemberg sowie über den Buchhandel erhältlich.

Tagung und Tagungsbände werden von der „Stiftung BC – gemeinsam für eine bessere Zukunft" der Kreissparkasse Biberach gefördert.

INFORMATIONEN

www.hdgbw.de/laupheimer-gespraeche

- **Tagung 2016**: „Bekannt aus Film, Funk und Fernsehen"
  Der Tagungsband wird 2017 erscheinen.

- **Tagung 2015**: Die dritte Generation –
  Die Kriegsenkel und die Geschichte
  Der Tagungsband erschien unter dem Titel: „Die dritte Generation
  und die Geschichte", Heidelberg 2016.

- **Tagung 2014**: „Der verwaltete Raub" – „Arisierung" und
  Versuche der Wiedergutmachung
  Der Tagungsband erschien unter dem Titel: „Unrecht Gut gedeihet
  nicht" – „Arisierung" und Versuche der Wiedergutmachung,
  Heidelberg 2015.

- **Tagung 2013**: „Hoffet mit daheim auf fröhlichere Zeit" –
  Juden und Christen im Ersten Weltkrieg
  Der Tagungsband erschien unter dem Tagungstitel, Heidelberg 2014.

- **Tagung 2012**: „Grau ist bunt" – Vom Älterwerden und Alter
  im Judentum mit Ausblicken auf das Christentum
  Der Tagungsband erschien unter dem Titel: „Ich glaube an das Alter,
  lieber Freund" – Vom Älterwerden und Alter (nicht nur) im Judentum,
  Heidelberg 2013.

- **Tagung 2011**: Jüdische Kindheit und Jugend
  Der Tagungsband erschien unter dem Tagungstitel, Heidelberg 2012.

- **Tagung 2010**: Jüdische Feste – gelebter Glaube
  Der Tagungsband erschien unter dem Tagungstitel, Heidelberg 2012.

- **Tagung 2009**: Helfer im Verborgenen –
  Retter jüdischer Menschen in Südwestdeutschland
  Der Tagungsband erschien unter dem Tagungstitel, Heidelberg 2012.

- **Tagung 2008**: Antisemitischer Film
  Der Tagungsband erschien unter dem Titel:
  Antisemitismus im Film, Heidelberg 2011.

- **Tagung 2007**: Der christlich-jüdische Dialog im deutschen
  Südwesten in Vergangenheit und Gegenwart
  Der Tagungsband erschien unter dem Titel:
  Der christlich-jüdische Dialog, Heidelberg 2010.

- **Tagung 2006**: Juden und Sport im deutschen Südwesten
  Der Tagungsband erschien unter dem Titel: „Vergessen die vielen Medaillen, vergessen die Kameradschaft" – Juden und Sport im deutschen Südwesten, Heidelberg 2010.

- **Tagung 2005**: Der Umgang mit der Erinnerung an jüdisches Leben
  im deutschen Südwesten
  Der Tagungsband erschien unter dem Titel: Der Umgang mit der Erinnerung – Jüdisches Leben im deutschen Südwesten, Heidelberg 2010.

- **Tagung 2004**: „Welche Welt ist meine Welt?" – Jüdische Frauen
  im deutschen Südwesten
  Der Tagungsband erschien unter dem Tagungstitel, Heidelberg 2009.

- **Tagung 2003**: Jüdische Kunst- und Kulturschaffende
  aus dem deutschen Südwesten
  Der Tagungsband erschien unter dem Titel: Jüdische Künstler und Kulturschaffende aus Südwestdeutschland, Heidelberg 2009.

- **Tagung 2002**: Jüdische Unternehmer und Führungskräfte im
  19. und 20. Jahrhundert
  Der Tagungsband erschien unter dem Titel: Jüdische Unternehmer und Führungskräfte in Südwestdeutschland 1800-1950. Die Herausbildung einer Wirtschaftselite und ihre Zerstörung durch die Nationalsozialisten, Berlin 2004.

- **Tagung 2001**: Auswanderung, Flucht, Vertreibung, Exil im
  19. und 20. Jahrhundert
  Der Tagungsband erschien unter dem Tagungstitel, Berlin 2003.

- **Tagung 2000**: Nebeneinander. Miteinander. Gegeneinander?
  Zur Koexistenz von Juden und Katholiken in Süddeutschland
  im 19. und 20. Jahrhundert
  Der Tagungsband erschien unter dem Tagungstitel, Gerlingen 2002.

Freundeskreis des Museums zur Geschichte von Christen und Juden in Laupheim

Am 12. Dezember 2007 wurde der Freundeskreis des Museums zur Geschichte von Christen und Juden in Laupheim aus der Taufe gehoben.

VIELFALT ALS CHANCE – DIE GEMEINSAME GESCHICHTE VON CHRISTEN UND JUDEN

Ziel dieses eingetragenen Vereins ist laut Satzung „die Förderung und Pflege des Museums zur Geschichte von Christen und Juden und des Gedenkens der jüdischen Geschichte in Laupheim und Umgebung, insbesondere die ideelle und materielle Unterstützung des Museums bei seinen Aktivitäten". Die gesammelten Spenden und Beiträge finden Verwendung „für Vorträge und Veranstaltungen, für didaktische Publikationen und Aktionen, vor allem für Schüler und Jugendliche, für Werbemaßnahmen und Publikationen, für den Erwerb von Sammlungen und Exponaten". Eine eigenständige Stiftung steht dem Verein zur Seite und unterstützt begleitend seine Ziele.

GRENZENLOS

Auch über die Grenzen von Laupheim hinaus sollen neue Vereinsmitglieder gewonnen werden, „die sich positiv mit der gemeinsamen christlich-jüdischen Geschichte auseinandersetzen, Laupheim und dem Museum verbunden fühlen", plädiert Dr. Nikolaus F. Rentschler in einer Pressemitteilung vom 12. Dezember 2007 für die Erweiterung des Freundeskreises.

EINE EINZIGARTIGE CHANCE

Der Freundeskreis macht sich für das Laupheimer Museum als einzigartige Chance zum lernenden Nachdenken stark. Es verdeutlicht die Geschichte von Menschlichem und unvorstellbar Unmenschlichem. Zugleich offenbart es die Notwendigkeit von Toleranz und Weltoffenheit für ein konstruktives Zusammenleben in gegenseitigem Verständnis – denn alles Zukünftige baut auf Vergangenem auf.

INFORMATIONEN

Dr. Nikolaus F. Rentschler
Mittelstraße 18
88471 Laupheim
Tel.: 07392 / 701 207, Fax: 07392 / 701 206
E-Mail: fmcj.laupheim@rentschler.de

Museum — Freundeskreis des Museums zur Geschichte von Christen und Juden in Laupheim e.V.